国家自然科学基金重点项目：“互联网+”时代研究生教育管理变革与创新研究（项目编号：71834001）的阶段性成果

内容简介

《中国研究生教育质量报告 2020》是具有研究性质的、聚焦研究生教育质量的年度报告。报告坚持以“年度”和“质量”为核心主题词，从多角度、多层面反映了 2019 年度中国研究生教育质量。

本报告对 2019 年中国研究生教育质量进行了全面描述，认为中国学位与研究生教育发展迈上了新台阶。本报告对中国研究生教育发展状态进行了数据分析；遴选出 2019 年度中国研究生教育质量十大事件；评选兰州大学为年度质量单位，中国人民大学卫兴华教授为 2019 年度质量人物；全国 112 个研究生培养单位的 109253 份有效问卷满意度统计分析结果显示，在校研究生的总体满意度为 82.7%，比 2019 年的总体满意度增加了 9 百分点；首次从卓越度、贡献度、支撑度和影响度 4 个维度评选出中国研究生院百强，上榜高校总计 109 所；总结了国际媒体对中国研究生教育发展的评价，呈现了美国、英国、印度、日本、瑞典等国家研究生教育最新动态；研究构建了国际博士研究生教育发展指数模型，首次发布了 15 个国家的博士研究生教育发展指数；编录了 2019 年中国研究生教育要事志，以及年度学位与研究生教育质量重要文件。

本报告内容翔实，全面、客观、多角度地反映了 2019 年度中国研究生教育质量概况，为全面提高中国研究生教育质量提供了参考资料和决策依据。为社会各界客观了解中国研究生教育质量提供了第三方视角，为各个研究生培养单位持续提高培养质量提供有益参考，为国际同行了解中国研究生教育提供了丰富资料，是公众了解中国研究生教育质量状况的重要信息来源，也是从事研究生教育研究学者的重要参考资料。

Abstract

Report on China's Graduate Education Quality 2020 is an annual research report which aims at providing an overview of China's graduate education quality in 2019 from various aspects and dimensions.

This annual report provides a comprehensive description of the quality of graduate education in China in 2019, and thinks that the development of Chinese degree and graduate education has reached a new level. Data analysis on the annual development trend of graduate education in China is provided. 10 major events influencing the quality of graduate education in China are presented; Lanzhou University is selected as the Quality Units for graduate education and Wei Xinghua of Renmin University of China as the Person of the Year. A survey report on the educational satisfaction rate from 109,253 valid questionnaires is presented with a general satisfaction rate of 82.7%, up to 9% on the previous year. We take excellence degree, contribution degree, supporting degree, and affecting degree as the four dimensions to rank graduate schools in China, and overall 109 universities are on the list. We also summarize latest comments from the foreign media on China's graduate education, and present the dynamic development trend of graduate education in some countries such as the United States, the United Kingdom, India, Japan and Sweden. In addition, we construct an international Doctoral Education Development Index model, and for the first time release fifteen countries' Doctoral Education Development Index. A chronicle of events of graduate education in 2019 in China and the important document are also edited.

With an enriched and accurate content, this report presents an overall perspective of China's graduate education quality in 2019 based on comprehensive, objective and multidimensional data. It is expected to facilitate the public's understanding of the quality of graduate education, to provide the basis for decision-making for universities and government administrations, as well as to create more access of communication with international counterparts. At the same time, we wish it could serve the general public and the academia as source of information for graduate education in China.

中国研究生教育质量报告2020

Report on China's Graduate Education Quality 2020

王战军 主编

Wang Zhanjun Chief Editor

中国科学技术出版社

· 北 京 ·

图书在版编目（CIP）数据

中国研究生教育质量报告. 2020/王战军主编. —北京：中国科学技术出版社，2020. 8

ISBN 978-7-5046-8742-5

Ⅰ. ①中… Ⅱ. ①王… Ⅲ. ①研究生教育—教育质量—研究报告—中国—2020 Ⅳ. ①G643

中国版本图书馆CIP数据核字（2020）第138571号

选题策划 苏 青 王晓义
责任编辑 王晓义
封面设计 孙雪骊
责任校对 焦 宁
责任印制 徐 飞

出　　版 中国科学技术出版社
发　　行 中国科学技术出版社有限公司发行部
地　　址 北京市海淀区中关村南大街16号
邮　　编 100081
发行电话 010-62173865
传　　真 010-62179148
网　　址 http://www.cspbooks.com.cn

开　　本 720mm×1000mm 1/16
字　　数 170千字
印　　张 10.25
版　　次 2020年8月第1版
印　　次 2020年8月第1次印刷
印　　刷 北京顶佳世纪印刷有限公司
书　　号 ISBN 978-7-5046-8742-5/G·866
定　　价 69.00元

研究生教育质量报告编研组

主　编	王战军	北京理工大学研究生教育研究中心	主任　教授　博士生导师
		清华大学教育研究院	教授　博士生导师
副主编	周文辉	北京理工大学研究生教育研究中心	副主任　博士生导师
		学位与研究生教育杂志社	执行副主编

编委会成员（排序不分先后）

耿有权	东南大学高等教育研究所	研究员　博士生导师
廖湘阳	湖南师范大学教育学院	教授　博士生导师
王传毅	清华大学教育研究院	长聘副教授　博士生导师
周玉清	学位与研究生教育杂志社	副编审
唐广军	北京石油化工学院学科建设办公室	副研究员
李明磊	北京理工大学人文与社会科学学院	助理研究员
黄　欢	学位与研究生教育杂志社	编辑
王小栋	北京外国语大学国际教育学院	讲师

专家委员会成员

委员会主任

姓名	单位	职务
赵沁平	中华人民共和国教育部	原副部长　中国工程院院士
	中国学位与研究生教育学会	原会长

委员会副主任

姓名	单位	职务
张　炜	西北工业大学	党委书记　教授

委员会成员

姓名	单位	职务
丁雪梅	哈尔滨工业大学	副校长　教授
	中国学位与研究生教育学会	副会长
张淑林	中国科学技术大学	原副校长　研究员
	中国学位与研究生教育学会	副会长
白海力	天津市教育委员会	副主任　教授
李善廷	北京市教育委员会	
	科学技术与研究生工作处	处长
陈　渝	重庆市学位委员会办公室	主任
杨树兵	江苏省学位委员会办公室	主任
陈洪捷	北京大学中国博士教育研究中心	主任　教授

主编简介

王战军，1956年生，教育部学位与研究生教育发展中心、教育部高等教育教学评估中心原副主任；现任北京理工大学研究生教育研究中心主任，教授，博士生导师；清华大学教授，博士生导师；国家自然科学基金重点项目首席专家。

30多年来，一直从事高等教育与研究生教育的管理、教学、科研与评估研究；主要研究方向为高等教育管理与评估、教育发展战略、管理信息系统等。曾策划、研制并组织开展多项全国学位与研究生教育评估项目；组织参与多项全国高等教育评估项目；主持完成或在研国家自然科学基金、国家社会科学基金、国务院学位委员会办公室委托课题等20余项；发表学术论文160多篇，其中多篇被《新华文摘》、中国人民大学《复印报刊资料》全文转载。出版著作多部，代表作有《高等教育监测评估理论与方法》《中国研究生教育70年》《研究生教育概论》《学位与研究生教育评估理论与方法》、*The Construction and Development of Research Universities in China* 等。目前，承担的主要课题为国家自然科学基金重点项目："互联网+"时代研究生教育管理变革与创新研究。

主要社会兼职有：中国学位与研究生教育学会副会长、《研究生教育研究》杂志编委会副主任委员等。

Introduction to Editor-in-Chief

Wang Zhanjun, born in 1956, is the former deputy director of China Academic Degrees & Graduate Education Development Center , the Higher Education Evaluation Center of Ministry of Education. At present he holds the position of Director-general of the Graduate Education Research Center of Beijing Institute of Technology. He is both the Ph.D. supervisor and professor of Tsinghua University and Beijing Institute of Technology. He's also the chief expert on the National Natural Science Foundation.

For more than 30 years, he has been engaged in the management, teaching, research and evaluation of higher education and graduate education. His main research interests include Higher Education Management and Evaluation, Education Development Strategy, Management Information System and so on. He has planned, developed and organized many national academic degrees and graduate education evaluation projects. And he has also organized and participated in a number of national higher education evaluation projects. He has hosted or completed more than 20 projects commissioned by the National Natural Science Foundation, the National Social Science Fund, and the Academic Degrees Committee Office of the State Council. Among more than 160 academic papers published, some of them have been reprinted by Xinhua Digest or Information Center for Social Science of RUC. He has also published many works, including *The Theory and Method of Monitoring Evaluation in Higher Education, The Graduate Education Development for 70 Years in China, Foundation of Graduate Education*, *Theory and Method of Academic Degrees and Postgraduate Education Evaluation*, *The Construction and Development of Research Universities in China*, etc. The main ongoing research, *the Management Change and Innovation of Postgraduate Education in the "Internet Plus" Era*, is the key program of National Natural Science Foundation of China .

The main social part-time positions include: Vice-chairman of the Chinese Society of Academic Degrees and Graduate Education, and Vice-chairman of the Editorial Committee of *Journal of Graduate Education*.

前　言

2019 年是中华人民共和国成立 70 周年，学位与研究生教育也走过了 70 个年头。70 年间，研究生教育始终与国家和民族发展同呼吸、共命运，坚持服务国家战略，服务经济社会发展，以提高质量为导向，突出高层次拔尖人才培养；坚持国际视野、融合创新，走出了一条中国特色的研究生教育发展道路，提升了中国研究生教育的国际影响力。

2019 年是我国教育事业发展具有重要意义的一年。这一年，中共中央、国务院印发《中国教育现代化 2035》，将高等教育竞争力提升作为主要目标之一。这对保障和提升研究生教育质量提出了更高的要求。2019 年，中国研究生教育事业整体上继续呈现良好的发展态势。研究生培养单位数量小幅增加，达到 828 所。研究生招生规模首次突破 90 万人，其中博士研究生招收人数 10 万余人。在校研究生人数达到 286 万人。毕业研究生人数近 64 万人。研究生指导教师数量超过 46 万人。

2019 年，中国研究生教育继续深化改革，不断提高质量，取得了新的成绩。一是国务院学位委员会、教育部、人力资源社会保障部联合下发了《专业学位研究生教育指导委员会工作规程》，对专业学位研究生教育指导委员会的工作进行了全面规定。二是教育部办公厅下发文件《教育部办公厅关于进一步规范和加强研究生培养管理的通知》，为进一步梳理和健全培养单位质量保障体系、促进研究生培养单位规范管理、提高研究生培养质量提供保障。三是教育部学位管理与研究生教育司发出通知，要求相关高校开展“双一流”建设中期自评工作，同时查摆问题，总结经验，明确下一阶段改进的重点任务和要求。四是深化学位授权审核改革，稳步推进高等学校开展学位授权自主审核工作，2019 年增列了 11 所高校成为可开展学位授权自主审核的单位。五是持续推动全国高校学位授权点专项评估工作。2019 年，国务院学位委员会、教育部下达了 2018 年学位授权点专项评估结果及处理意见，3 个参评的博士学位授权一级学科博士点全部合格，11 个硕士学位授权一级学科硕士点被评为“合格”，2 个硕士点被评为“不合格”；29 个硕士专业学位授权点的评估结果为“不合格”，43 个硕士专业学位授权点评估结果为“限期整改”，18 个学位授予单位主动放弃了 18 个学位授权点的授权。六是持续加强研究生教育质量保障体系建设，不断提高研究生教育质量。2018 年全国共撤销了 489 个学位授权点，增列了 218 个学位授权点。

面对我国研究生教育事业发展的新时代，研究生教育质量报告编研组以“年度”和“质量”为核心主题词，从总体评价、数据说、示范说、学生说、评价说、国外媒体和专家学者说的多重视角，全方位、多层面、立体化地呈现了 2019 年度中国研究生教育质量状态。

基于此，报告在内容方面做了八方面布局：一是从总体上对 2019 年我国研究生教育质量进行了述评；二是用数据直观地呈现了 2019 年度中国研究生教育质量状态；三是遴选出 2019 年中国研究生质量年度十大事件、兰州大学为年度质量单位，中国人民大学荣誉一级教授、中国著名马克思主义经济学家卫兴华为年度质量人物；四是对全国 112 个研究生培养单位的近 11 万名在校研究生进行了满意度调查，进一步全面了解中国研究生教育质量状况；五是从卓越度、贡献度、支撑度和影响度 4 个维度评价了 584 所高等院校的研究生院，发布了中国研究生院百强上榜高校名单；六是介绍了国外媒体、学者等对我国研究生教育质量的评价，综述了国外研究生教育动态和发展概况，使我们更加全面系统地掌握国外研究生教育的现状及趋势；七是构建了国际博士生教育发展指数模型，计算了 15 个国家的博士生教育发展指数，分析了未来博士生教育发展的趋势；八是为了进一步增强报告的实用性，报告还编录了 2019 年中国学位与研究生教育要事志，收录了《教育部办公厅关于进一步规范和加强研究生培养管理的通知》。

通过《中国研究生教育质量报告》(系列)，我们努力达到三个目的：一是以第三方的视角，用数据和事实说话，科学、客观地呈现我国研究生教育质量现状；二是从多角度、多层面客观呈现我国研究生教育质量年度状态；三是通过对我国研究生教育质量存在的问题及今后可能出现的问题进行科学评判，以引起有关部门和机构对相关问题的重视，为他们及时发现问题、研判问题和科学决策提供有益参考。

Preface

The year 2019 is the 70th anniversary of the founding of People's Republic of China. China's academic degree and graduate education have also gone through 70 years. For 70 years, China's graduate education has always shared the same outlook and destiny with the nation, persisted in serving the national strategy, economic and social development, been guided by the improvement of quality, focused on the cultivation of high-level and top-notch talents, adhered to a global outlook, integrated innovation, and developed the path of graduate education with Chinese characteristics, enhanced the international influence of Chinese graduate education.

The year 2019 is of great significance in the development of education in China. This year, the CPC Central Committee, the State Council issued *China's Education Modernization 2035*, taking higher education competitiveness as one of the main goals. This puts forward higher requirements for guaranteeing and improving the quality of graduate education. In 2019, the graduate education in China has maintained a good momentum for development. The number of institutions qualified for issuing graduate degrees has increased to 828. The total number of graduate student enrollment has exceeded 900,000 for the first time, of which more than 100,000 are doctoral students. The number of graduate students at school has reached 2,860,000. The number of graduates has reached nearly 640,000. The number of graduate student advisers has exceeded 460,000.

In 2019, new progress were made in quality improvement and reforms in China's graduate education. First, Academic Degrees Committee of the State Council, Minister of Education, Minister of Human Resources and Social Security of the People's Republic of China jointly issued *Working Procedures of Professional Degree Graduate Education Steering Committee*, which comprehensively regulated the work of Professional Degree Graduate Education Steering Committee. Second, General Office of Ministry of Education issued the document *Notice of General Office of Ministry of Education on Further Standardizing and Strengthening Graduate Cultivation Management* to provide a guarantee for further improving the quality assurance system of training units, promoting standardized management of graduate training units, and improving the quality of graduate training. Third, Department of Degree Management and Graduate Education of Minister of Education issued a notice requesting relevant universities to carry out mid-term self-assessment work on "Double First-class" construction, and at the same time check the problems, summarize the experience, and clarify the key tasks and requirements for the next stage. The fourth was to deep the reform on degree authorization audit and steadily promote the self-audit of degree authorization in colleges and universities. Eleven colleges and universities have been added as units that can carry out self-audit of degree authorization in 2019. The fifth was to continue to promote the special evaluation of academic degree authorization programs among national universities. In 2019, Academic Degrees Committee of the State Council, Minister of Education released the results and opinions on the special evaluation of 2018, of which all three participating doctoral programs got results of "qualified" , 11 master programs were rated "qualified", 2 master programs were rated "unqualified" ,29 professional degree programs for Master's Degree got the results of "unqualified" , 43 professional degree programs needed to be rectified with a time limit, and 18 degree authorization units gave up the authorization of 18 degree programs. Sixth, the quality assurance system for graduate education has been continuously strengthened. In 2018, 489 degree authorization programs were revoked and 218 were added.

Catering for the new trend of the reform of graduate education in the new era, this book presents the panorama of the quality of graduate education in China in 2019 based on data at different levels including the individual student, assessment level, the national level. It also records views from different perspectives including the experts and foreign media.

The layout of the report is as follows: first, the status quo of the quality of China's graduate education in 2019 is reviewed from multiple aspects; second, data present the full view of graduate education quality in 2019; third, 10 major events influencing the quality of graduate education in China are presented; Lanzhou University is selected as the Quality Units for graduate education and Wei Xinghua of Renmin University of China as the Person of the Year; fourth, a survey report on the educational satisfaction rate for nearly 110,000 graduate students at 112 institutions is presented to further understand the quality of graduate education in China; fifth, graduate schools of 584 colleges and universities are evaluated from the four dimensions of excellence degree, contribution degree, supporting degree and affecting degree, presenting the list of top 100 Chinese graduate universities; sixth, the latest development of international trend of graduate education is reviewed, and the latest comments from the foreign medias on the quality of graduate education in China are summarized; seventh, the International Doctoral Education Development Index model is constructed to calculate the doctoral education development index of 15 countries, future development trend of doctoral education is analyzed. Furthermore, a chronicle of events of graduate education in 2019 in China and the important document are also edited.

We wish that the *Report on China's Graduate Education Quality* provides the readers with information and insights based on an objective overview of the quality of graduate education in China supported by scientific data and facts from multiple perspectives. In addition, we wish that the problems proposed and predicted could serve as reference for scientific decision-making in a timely manner both to the academia and the administrative.

目 录

Contents

Chapter Six International Review of the Graduate Education ········· 92

第一章　2019年中国学位与研究生教育发展迈上新台阶

2019年是中华人民共和国成立70周年，学位与研究生教育也走过了70个年头。70年间，研究生教育始终与国家和民族发展同呼吸、共命运，坚持服务国家战略，服务经济社会发展，以提高质量为核心，突出高层次拔尖人才培养；坚持国际视野、融合创新，走出了一条中国特色的研究生教育发展道路，提升了中国研究生教育的国际影响力。2019年，我国研究生教育事业在总结改革与发展经验的基础上，以立德树人为根本，以提高质量为核心，继续深化研究生教育培养体系改革。始终将培养研究生成人成才作为研究生教育的根本使命，以立德树人铸就研究生教育之魂；"双一流"建设驶入了快车道，博士研究生招生首次突破10万人，注册研究生有286万余人；研究生教育质量保障体系运行有效，研究生总体满意度增加了9百分点，为满意度调查开展以来满意度增幅最大的一年；多层面开展研究生教育国际交流与合作，提升了中国研究生教育的国际影响力，研究生教育事业发展再上新台阶。

一、以立德树人铸就研究生教育之魂

习近平总书记在全国教育大会上的重要讲话中再次强调了立德树人是中国特色社会主义教育事业的根本任务。中华民族自古以来就是世界上最注重道德教育的民族。《左传》有言"太上有立德"，说的是将树立德行作为人生价值追求的最高境界。《孟子》有言"人之所以异于禽兽者几希；庶民去之，君子存之"，说的是人和动物最本质的区别在于人有道德追求。道德教育始终是中华民族教育的精髓之一。在中国特色社会主义进入新时代的历史方位下，重申立德树人的指导思想是民族复兴语境下中国教育发展的必然要求。

（一）研究生思想政治教育和研究生党建工作取得新成就

2019年，研究生思想政治教育和研究生党建工作取得新成就。研究生思想政治理论课是全面推动习近平新时代中国特色社会主义思想“三进”的主要渠道，是落实立德树人的关键课程。2019 年 9 月 3 日，教育部党组印发了《“新时代高校思想政治理论课创优行动”工作方案》[①]，指导高校高质量办好思想政治理论课。在该方案指导下，各高校不断加强研究生思想政治理论课改革创新力度，进一步汇聚共识，凝聚力量，推动实际工作取得新进展、新成效。例如，2019 年 12 月 6 日，华东师范大学召开“新时代研究生思想政治工作理论和实践创新”学术研讨会暨华东师大第 32 届学生思想政治工作年会，与会人员共同探讨了新时代研究生思政工作新方案，研讨会拓宽了高校学生思想政治工作研究的深度和广度。[②]

首批高校“百个研究生样板党支部”“百名研究生党员标兵”创建名单公布

研究生党员是青年的优秀代表，是研究生中的先进分子，是中国特色社会主义建设者和接班人的骨干力量，具有重要的模范带头作用和示范引领作用。2019 年 1 月 25 日，教育部办公厅公布了首批高校“百个研究生样板党支部”“百名研究生党员标兵”创建名单。遴选了北京大学心理与认知科学学院学硕党支部等 97 个研究生样板党支部，评选出陈善恩等 100 名研究生党员标兵。[③] 通过“研究生样板党建双创活动”，创新研究生德育工作方法，创建平台建设，创立典型示范，充分发挥党支部战斗堡垒作用和党员先锋模范作用，引领示范、辐射带动高校研究生党建工作质量整体提升，全面激发研究生努力成为德智体美劳全面发展

① 中共教育部党组. 中共教育部党组关于印发《“新时代高校思想政治理论课创优行动”工作方案》的通知［EB/OL］.（2019-09-09）［2020-05-15］. http://www.moe.gov.cn/srcsite/A13/moe_772/201909/t20190916_399349.html.

② 华东师范大学新闻中心. “新时代研究生思想政治工作理论和实践创新”学术研讨会暨 32 届学生思想政治工作年会召开［EB/OL］.（2019-12-10）［2020-05-15］.https://news.ecnu.edu.cn/e4/9f/c1833a255135/page.htm.

③ 教育部办公厅 . 教育部办公厅关于公布首批高校“百个研究生样板党支部”“百名研究生党员标兵”创建名单的通知［EB/OL］.（2019-01-20）［2020-05-15］. http://www.moe.gov.cn/srcsite/A12/moe_1416/s255/201902/t20190201_368792.html.

的社会主义建设者和接班人。同时，根据中央统一部署和教育部党组安排，2019年9月9日，教育部召开直属高校主题教育动员部署视频会议，深入学习贯彻习近平总书记关于“不忘初心、牢记使命”主题教育的重要讲话和重要批示精神。[①]在这次会议精神的指导下，研究生教育战线相继开展“不忘初心，牢记使命”主题教育活动。例如，北京大学深圳研究生院根据学校“不忘初心、牢记使命”主题教育集中学习阶段的总体安排，开展了实地考察、参观学习、统一培训与集中研讨等多种形式的教育学习活动。[②]

（二）谱写师德师风建设的时代新篇章

《关于加强和改进新时代师德师风建设的意见》印发

师德师风建设直接影响教育行风，关系教育形象，关系受教育者的健康成长。研究生导师是我国研究生培养的关键力量，肩负着培养国家高层次创新人才的使命和重任。高质量的研究生教育依赖一支有理想信念、道德情操、扎实学识、仁爱之心的研究生导师队伍。2019年，国家进一步加强和改进新时代师德师风建设。12月6日，教育部等七部门印发《关于加强和改进新时代师德师风建设的意见》（以下简称《意见》），进一步明确新时代师德师风建设的指导思想、基本原则、工作目标及任务举措，健全师德师风建设长效机制，倡导全社会尊师重教[③]。此前，为督促各部门各单位严格执行相关规定，有针对性地提升师德师风建设水平，2019年4月、7月、12月，教育部相继公开曝光多起违反教师职业行为十项准则典型案例，加强警示教育和规范教育。有评论指出，国家出台相关政策文件加大对违规行为的查处力度，对违规问题进行公开通报，表明了正风肃纪的

① 教育部.突出党的政治建设　紧扣立德树人根本任务[EB/OL].（2019-09-11）[2020-05-15]. http://www.moe.gov.cn/jyb_xwfb/moe_2082/zl_2019n/2019_zl43/201909/t20190911_398720.html.

② 王可佳.深圳研究生院多种形式开展“不忘初心，牢记使命”主题教育集中学习活动[EB/OL].（2019-10-15）[2020-05-15].http://news.pkusz.edu.cn/news/2019/1015/8720.html.

③ 教育部.教育部等七部门印发《关于加强和改进新时代师德师风建设的意见》健全师德师风建设长效机制[EB/OL].（2019-12-16）[2020-05-15].http://www.moe.gov.cn/jyb_xwfb/gzdt_gzdt/s5987/201912/t20191216_412125.html.

坚定决心，起到了良好的警示作用，有助于加强新时代师风师德建设。①②③

《意见》的颁布是贯彻习近平总书记对师德师风建设的重要指示精神，引起了社会各界的高度关注和热议。国家督学汤赛南说道："师德是教师的灵魂，是恪守师道尊严的核心。教育部会同六部委发布实施的《意见》，正是在全面深化新时代教师队伍建设改革、加快推进建设教育强国的重要时期，提出了当前和今后一个时期师德师风建设的主要目标与任务举措，打出师德政策'组合拳'，以好师德涵养好老师，好老师办出好教育，好教育成就好世界。"④江苏省泰州市政协副主席、市教育局局长奚爱国表示："此次出台的《意见》将尊重规律作为重要原则，让师德师风建设置于教育规律之下、置于人才成长发展规律之下，并与此前出台的教师违反职业道德行为处理办法、新时代教师职业行为十项准则一起，构成完备的师风师德建设制度体系，为基层推进师德师风建设指明目标路径、提供实践依据。"⑤新时代，在推动高等教育内涵式发展的过程中，坚持把师德师风建设作为教师队伍建设的首要任务，着力健全师德师风建设的长效机制，用制度的力量确保师德师风建设常态化、机制化，谱写时代师德师风建设的新篇章。

（三）以研究生理想信念立根铸魂

培养研究生的根本使命是成人成才。教育的规律是先成人后成才。《大学》有言"自天子以至于庶人，一是皆以修身为本，其本乱而末治者否矣。其所厚者薄，而其所薄者厚，未之有也"。这句话的含义是指成人是根本，本正则末治，本不

① 教育部.教育部公开曝光8起违反教师职业行为十项准则典型案例[EB/OL].(2019-12-05)[2020-05-15].http://www.moe.gov.cn/jyb_xwfb/gzdt_gzdt/s5987/201912/t20191205_410994.html.

② 教育部.教育部公开曝光6起违反教师职业行为十项准则典型案例[EB/OL].(2019-07-31)[2020-05-15].http://www.moe.gov.cn/jyb_xwfb/gzdt_gzdt/s5987/201907/t20190731_393178.html.

③ 教育部.教育部公开曝光4起违反教师职业行为十项准则典型案例[EB/OL].(2019-04-03)[2020-05-15].http://www.moe.gov.cn/jyb_xwfb/gzdt_gzdt/s5987/201904/t20190403_376596.html.

④ 汤赛南.好师德　好老师　好教育　好世界[EB/OL].(2019-12-26)[2020-05-17].http://www.moe.gov.cn/jyb_xwfb/moe_2082/zl_2019n/2019_zl98/201912/t20191226_413573.html.

⑤ 奚爱国.尊重规律　让时代师德师风建设回归教育本质[EB/OL].(2019-12-26)[2020-05-17].http://www.moe.gov.cn/jyb_xwfb/moe_2082/zl_2019n/2019_zl98/201912/t20191226_413572.html.

正，上层建筑设计得再好，也终究会带来灭顶之灾。因此，要纠正过去一段时期侧重“才”而忽略“人”的培养方式，回归到培养人这一根本，重视研究生的心理健康，以坚定的理想信念培养德智体美劳全面发展的、富有朝气和活力的新时代研究生。

研究生教育回归育人本质

首先，研究生教育回归育人本质。研究生阶段的学生虽普遍已经成人，但研究生教育的对象终究是学生，要兼顾研究生的成人和成才两方面的发展。研究生教育要回归课堂，利用专业课程学习培养学生的学术能力和专业素养（职业素养）。研究生教育要回归科学研究，在科学研究过程中培养学生的品性和才干。其次，关注研究生心理健康。研究生阶段的学生已经形成了一定的人生观、价值观和世界观，有了一定的独立思考能力，但是由于其人生阅历和实践体验不足，在面对一些生活困难、研究困难时，容易受到打击而产生一些极端行为。在研究生教育过程中，要时刻关注学生的心理健康，学校要健全研究生心理健康的辅助支持系统，社会要给予研究生广泛的支持和关爱。最后，以坚定的理想信念培育德智体美劳全面发展的新时代研究生。2020 年年初，新型冠状病毒肺炎疫情暴发。面对疯狂肆虐的病毒，中国人民在党中央的带领下，充分发挥社会主义制度“集中力量办大事”的优势，采取有力的措施，有效地控制了疫情的蔓延，创造了一个又一个人类抗击病毒引发烈性传染病的奇迹。事实证明，中国特色社会主义国家制度行得通、真管用、有效率，得到人民的衷心拥护，日益彰显巨大优势，这是中国人民坚定“四个自信”的一个基本依据。要充分利用这些鲜活的事例，增强研究生的中国特色社会主义道路自信、理论自信、制度自信、文化自信，立志肩负起民族复兴的时代重任。只有帮助研究生树立鸿鹄之志，才能激发研究生勇于奋斗的精神和培养其乐观向上的人生态度，为中华民族伟大复兴贡献力量。

二、“双一流”建设驶入快车道，中国研究生教育事业发展再上新台阶

习近平总书记在全国高校思想政治工作会议上指出，实现中华民族伟大复兴，教育的地位和作用不可忽视。我们对高等教育的需要比以往任何时候都更加迫切，对科学知识和卓越人才的渴求比以往任何时候都更加强烈。党中央作出加

快建设世界一流大学和一流学科的战略决策，就是要提高我国高等教育发展水平，增强国家核心竞争力。2019 年 5 月 8 日，教育部学位管理与研究生教育司发出通知，要求相关高校开展“双一流”建设中期自评工作，我国“双一流”建设驶入了快车道，研究生教育事业发展再上新台阶。

（一）博士研究生招生人数首次突破10万人，专业学位博士研究生规模首次超过2万人

根据教育部发展规划司编印的《中国教育事业发展统计简况》，2019 年我国博士生招生规模首次突破 10 万人，在校专业学位博士研究生规模首次超过 2 万人，比 2018 年的 14174 人增长了 60.55%，持续大幅增长。2019 年全国有研究生培养单位 828 所。研究生培养单位中有普通高校 593 所，比 2018 年增加 13 所。培养单位中科研机构有 235 所，数量与 2018 年相比没有变化。在校研究生规模达 286 万人，比 2018 年增加约 13 万人。其中，专业学位研究生在研究生总体中占比继续超过 50%，且比例持续增长。研究生招生规模超过 90 万人。其中，招收博士研究生 105169 人，博士研究生招生人数首次突破 10 万人；招收硕士研究生 811334 人。在招收的硕士研究生中，专业学位硕士研究生占比为 58.46%，所占比例较 2018 年继续小幅增长。2019 年全国共有研究生指导教师 462099 人，比 2018 年增长 7.41%，保持较高的增长幅度。

在校研究生规模达286万人，比 2018年增加约13万人

2010 年至今，我国研究生招生规模持续增长。研究生招生规模从 2010 年的 53.8 万人增长到 2019 年的 91.7 万人，增长幅度为 70.30%，年均增长幅度为 7.81%。2019 年，我国研究生就业质量总体良好，毕业研究生规模接近 64 万人。截至 2020 年 4 月 18 日，可以通过互联网查询 137 所“双一流”建设高校中 120 所的 2019 届毕业生就业质量报告。32 所“一流大学建设高校”（A 类）年度就业质量报告显示，毕业硕士研究生就业率最高的院校是同济大学（99.68%），硕士研究生就业率最低的院校是四川大学（95.22%）；博士研究生就业率最高的院校是华南理工大学（100%）和西安交通大学（100%）。81 所“一流学科建设高校”的研究生就业质量报告显示，硕士研究生就业率最高的院校是中央戏剧学院

（100%）；博士研究生就业率达到100%的院校包括北京中医药大学、中央财经大学、对外经济贸易大学、中央音乐学院、中央戏剧学院、南京航空航天大学、中央美术学院、合肥工业大学、青海大学9所高校。

（二）培养条件持续改善，研究生总体满意度9年最高

2020年研究生总体满意率为82.7%，比2019年增加了9百分点

研究生满意度是反映、监测和评估研究生教育质量的一个重要维度与指标。2020年研究生总体满意率为82.7%，比2019年的总体满意度增加了9百分点，为满意度调查开展以来满意度百分点增幅最大的一年（图1-1）。2020年研究生满意度调查由学位与研究生教育杂志社、北京理工大学研究生教育研究中心组织开展。全国112个研究生培养单位的109253名学生提交了有效问卷。其中，一流大学建设高校32所，有效问卷49188份，占比45.0%；一流学科建设高校32所，有效问卷34169份，占比31.3%；其他高校48所，有效问卷25896份，占比23.7%。在各类培养单位中，"双一流"建设高校学生的总体满意度高于其他类别高校。其中，一流学科建设高校研究生教育的满意度最高，满意率达到84.2%；其次是一流大学建设高校满意度（82.5%）；其他高校满意度最低，满意率为81.0%。

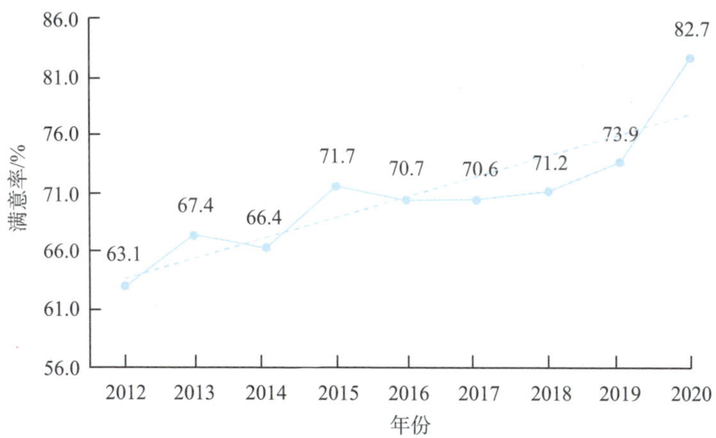

图1-1　2012—2020年研究生总体满意度变化趋势

注：图中数据来源于2012—2019年的《中国研究生教育质量报告》

2020年研究生总体满意度是历年来增长幅度最大的一年，原因是多方面的。其中一个重要原因是随着全面落实研究生“五位一体”质量保障体系建设、加快推进“双一流”建设，以及“十三五”的收官等，使我国研究生教育实现了更高质量、更有效率、更加公平的发展。研究生课程教学、科研训练、教师队伍建设、管理与服务等质量方面均有了较大幅度的提升。2020年研究生满意度调查显示，研究生对课程教学的满意度为80.4%；参与过科研项目的研究生对科研训练的满意率为83.6%，比总体满意度高0.9百分点；对校内指导教师的满意度为90.2%，远高于总体满意度及其他方面的满意度。研究生总体满意度大幅提升的另一个原因，可能与新型冠状病毒肺炎疫情期间全国研究生通过网络的方式进行学习，很多培养单位通过钉钉等研究生管理软件发放电子调查问卷有一定的关系。

（三）研究生教育回应社会需求，成为党和国家事业的中坚力量

新时代研究生教育必须做出新的时代回应和新的历史贡献。事实证明，我国研究生教育战线能够抓住战略机遇，积极应对，成为党和国家事业的中坚力量。教育扶贫是国家精准扶贫的重要组成部分，研究生在教育扶贫中发挥着不可或缺的作用。2019年11月7日，为进一步压实帮扶责任，助力巩固脱贫成果，在京召开了2019年教育部定点扶贫工作推进会。教育部党组书记、部长陈宝生在会议中指出，在这场历史性的脱贫攻坚战役中，党和国家要求优秀学子主动参与进来，尤其是研究生群体，更应该充分发挥自身专业优势，因地制宜地开展脱贫工作，为脱贫攻坚事业添砖加瓦①。近年来，各高校按照教育部统一部署，立足“三农”，充分发挥研究生的学科和人才优势，从教育、科技、实践和创新、创业等方面入手，积极探索研究生教育扶贫工作新模式，成效显著。例如，中国农业大学研究生探索“科技小院”新模式，为脱贫增收做贡献②。中山大学研究生发挥

---

① 教育部.2019年教育部定点扶贫工作推进会召开［EB/OL］.（2019-11-08）［2020-05-16］.http://www.moe.gov.cn/jyb_xwfb/gzdt_gzdt/moe_1485/201911/t20191108_407514.html.

② 研究生司.中国农业大学研究生深入扶贫一线助力脱贫攻坚主战场［EB/OL］.（2019-05-30）［2020-01-06］. http://www.moe.gov.cn/s78/A22/moe_847/201905/t20190530_383717.html.

医药学科优势，实施健康扶贫[①]。南京农业大学探索研究生教育助力脱贫攻坚新模式，发挥学科优势，助力定点扶贫；发挥人才优势，开展教育扶贫；情系老区人民，致力实践扶贫；激发创新活力，实施双创扶贫[②]。北京师范大学毕业研究生黄文秀投身革命老区的脱贫攻坚主战场，深入团结群众和村干部，顾大家舍小家，终使百坭村脱贫 88 户 418 人，贫困发生率从 22.88%降至 2.71%[③]。

入选“国家百千万人才工程”的学者中我国自主培养的博士生占70%以上

研究生还是新时代科学研究的生力军。自《中华人民共和国学位条例》实施以来，我国授予各类博士、硕士学位的人数逐年增加。大批博士研究生进入高校，极大地改善了高校专任教师的学历结构，博士在历届中国青年科技奖获奖中所占比例为 60.72%，入选“国家百千万人才工程”的学者中，我国自主培养的博士生占 70% 以上[④]。2019 年国家自然科学基金资助的各类项目中，研究生参与超过 10 万人次。研究生参与面上项目的比例为 55.22%，参与重点项目的比例为 53.25%，参与地区项目的比例为 41.24%。2019 年，教育部学位与研究生教育发展中心与中国科协青少年科技中心联合举办的“中国研究生创新实践系列大赛”主题赛事扩展到 11 项，500 余家研究生培养单位的 10 万余名在校研究生参赛，提交创新作品 2.6 万件[⑤]。上述情况表明研究生在我国科技创新强国中发挥着越来越重要的作用。

---

① 研究生司 . 中山大学发挥学科优势助力定点扶贫［EB/OL］.（2019-04-23）［2020-01-06］. http://www.moe.gov.cn/s78/A22/moe_847/201904/t20190423_379182.html.

② 研究生司.南京农业大学探索研究生教育助力脱贫攻坚新模式［EB/OL］.（2019-04-01）［2020-01-06］. http://www.moe.gov.cn/s78/A22/moe_847/201904/t20190401_376251.html.

③ 侯雪静 . 黄文秀被追授“全国脱贫攻坚模范”称号［EB/OL］.（2019-06-28）［2020-01-06］.http://www.xinhuanet.com/2019-06/28/c_1124685049.htm.

④ 原春琳 . 研究生成为我国科研生力军［EB/OL］.（2011-02-13）［2020-05-16］. http://zqb.cyol.com/html/2011-02/13/nw.D110000zgqnb_20110213_4-01.htm.

⑤ 2019 年中国研究生教育十大热点［J］. 中国研究生，2020（1）：2–7.

三、继续深化研究生教育改革，研究生教育质量保障体系运行有效

提高质量、实现内涵式发展是研究生教育最核心、最重要的任务。近年来，国家一方面持续增加对教育事业经费的预算，提高对研究与试验发展经费的投入，促进教育事业发展。另一方面，教育部行政部门陆续出台了一系列文件，采取了一系列举措，健全研究生培养管理体系，促进研究生培养单位规范管理。研究生质量保障体系的一系列改革举措运行有效。

（一）国家财政性教育经费增长，研究生资助政策更加规范

根据教育部、国家统计局、财政部关于 2018 年全国教育经费执行情况统计公告[①]，2018 年全国教育经费总投入达 46143.00 亿元，比上年增长 8.41%。国家财政性教育经费为 36995.77 亿元，比上年增长 8.15%。2018 年，全国普通高等学校生均一般公共预算教育事业费支出为 20973.62 元，接近 2.1 万元，比上年增长 3.33%。研究与试验发展（R&D）经费保持快速增长，基础研究经费首次超过千亿元。2018 年，全国共投入 R&D 经费 19677.9 亿元，比上年增长 11.8%，投入总量位居世界第二；R&D 经费投入强度（与国内生产总值之比）为 2.19%，比上年略有提高，投入强度已连续 5 年稳定在 2% 以上，并创出新高。

研究生资助政策更加规范。2019 年国家对包括研究生在内的学生资助政策进行了全面规范。2019 年 4 月，财政部、教育部、人力资源社会保障部、退役军人部、中央军委国防动员部制定、出台了《学生资助资金管理办法》[②]。该办法规定普通高校资助范围及标准包括 8 项内容，其中 3 项资助专门针对研究生、2 项资助包括研究生在内。该办法以附件形式公布了各项学生资助政策的《学生资助资金管理实施细则》，规范了各项资助涉及的申请、评审、发放、管理等工作。

---

① 教育部，国家统计局，财政部. 关于2018年全国教育经费执行情况统计公告[EB/OL].(2019-09-26)［2020-05-15］. http://www.moe.gov.cn/srcsite/A05/s3040/201910/t20191016_403859.html

② 财政部网站. 多部门关于印发《学生资助资金管理办法》的通知［EB/OL］.（2019-04-21）［2020-05-18］. http://www.gov.cn/xinwen/2019-04/21/5384872/files/f4de510ba5cd410f88ace2b0423869b2.pdf.

（二）进一步规范和加强研究生培养管理，对研究生教育质量层层把关

为进一步规范和加强研究生培养管理，2019 年 2 月 26 日，教育部发布《关于进一步规范和加强研究生培养管理的通知》，从切实落实质量保证主体责任、严格执行培养制度、狠抓学位论文和学位授予管理、切实加强导师队伍建设、健全预防和处置学术不端的机制、切实增强教育行政部门督导监管责任、强化学位论文抽检结果使用、加大评估和问题单位惩戒力度 8 方面提出明确要求[①]。此外，教育部持续强化对学术不端行为监督查处力度。2019 年 10 月 16 日，教育部网站发布《对十三届全国人大二次会议第 7079 号建议的答复》，披露了教育部经商科技部答复全国人大代表提出的“关于严厉打击学术不端行为的建议”的具体内容。教育部在该答复中分别对“加强科研诚信的制度建设”“规范科研诚信案件的调查处理”“开展多部门的联合惩戒措施”“构建科学合理的评价体系”“加强科研诚信的宣讲教育”5 方面进行了具体介绍[②]。11 月 13 日，国务院教育督导委员会办公室会同教育部发展规划司、学位管理与研究生教育司，对 2018 年博士学位论文抽检发现问题突出的学位授予单位进行集体约谈。此次约谈，表明教育部高度重视和紧抓高校研究生教育学位授予质量的鲜明态度与坚定决心。

教育部上述一系列举措推动了高校的质量行动。自 2019 年 12 月以来，国内各省、自治区、直辖市，各高校陆续发布了关于研究生质量管理的文件，并对在读的国内外不合格研究生进行清退处理。例如，江苏省教育厅发布《江苏省研究生教育质量年度报告（2019）》。该报告指出，为切实提高研究生培养水平，保障学位授予质量，推动“学位挤水”。近年来，江苏省积极构建研究生教育质量保障和监督体系，特别是推动高校建立健全研究生分流淘汰机制、时限终结机制和学术不端零容忍机制，努力把好研究生教育质量“出口关”。2019 年，江苏省分流淘汰研究生 758 人[③]。2020 年 3 月 13 日，江苏省学位委员会、江苏省教育厅公

---

① 教育部办公厅.教育部办公厅关于进一步规范和加强研究生培养管理的通知[EB/OL].(2019-02-26)[2020-05-16].http://www.moe.gov.cn/srcsite/A22/moe_826/201904/t20190412_377698.html.

② 教育部.对十三届全国人大二次会议第 7079 号建议的答复[EB/OL].(2019-10-16)[2020-05-16].http://www.moe.gov.cn/jyb_xxgk/xxgk_jyta/jyta_kjs/201910/t20191016_403748.html.

③ 江苏省教育厅.省教育厅发布《江苏省研究生教育质量年度报告（2019）》[EB/OL].(2019-12-30)[2020-05-16].http://jyt.jiangsu.gov.cn/art/2019/12/30/art_58370_8892186.html.

布了江苏省 2019 年硕士学位论文抽检评议结果，统计显示，该年度共有 144 篇硕士学位论文“不合格”。省教育评估院通过公开电子摇号方式，按 3.5% 的比例，从 51200 位应届硕士毕业生中抽取 1790 篇学位论文，并组织省外专家分类评议、对标评议、全盲评议①。

（三）开展学位授权点等评估，深化学位授权自主审核改革

根据《学位授权点合格评估办法》，学位授权点合格评估是我国学位授权审核制度的重要组成部分。2019 年 4 月 2 日，国务院学位委员会、教育部下发通知，部署学位授权点合格评估抽评工作。同日，国务院学位委员会、教育部下发《关于开展 2019 年学位授权点专项评估工作的通知》，部署 2019 年的学位授权点专项评估工作。2019 年 5 月 6 日，国务院学位委员会下达了一系列有关学位授权点调整的通知，印发学位授权点调整名单。其中包括工程硕士、博士专业学位授权点对应调整的名单，2018 年动态调整撤销和增列的学位授权点名单，2018 年现有学位授权自主审核单位撤销和增列的学位授权点名单，2019 年增列的可开展学位授权自主审核的单位名单。2019 年共增列北京理工大学、华东师范大学、东南大学、山东大学、华中科技大学、中南大学、中山大学、四川大学、重庆大学、西北工业大学和兰州大学 11 所高校为学位授权自主审核单位。同日，国务院学位委员会、教育部下达了 2018 年学位授权点专项评估结果及处理意见。

2019 年部署的合格评估抽评工作是相关学位授予单位完成首轮自我评估后的第一次抽评，是促进学位授予单位加强质量保证体系建设、落实质量保证主体责任的有效举措。学位授权点的质量保障是一个持续性的过程，通过强化运用学位授权点合格评估和专项评估等手段，查找质量问题，加强对学位授予单位研究生培养环节的监督和指导，不断改进质量保障相关制度设计，完善学位授权点质量保障的长效机制。学位授权自主审核工作的开展，是进一步落实国务院“放管服”的改革举措；是推进研究生培养供给侧结构性改革，鼓励高校面向世界科技前沿、面向经济主战场、面向国家重大需求，自主设置前沿、交叉、特需等学

① 江苏省教育厅.省学位委员会　省教育厅关于公布全省2019年硕士学位论文抽检评议结果的通知［EB/OL］.（2020-03-13）［2020-05-16］.http://jyt.jiangsu.gov.cn/art/2020/3/13/art_58320_9010742.html.

科，不断满足经济社会发展需求的有效举措。

四、加强国际交流与合作，提升我国研究生教育的国际影响力

研究生教育处于国家教育链的最高端，是各国创新型人才的战略储备和输入源泉，对21世纪知识经济时代的发展尤为关键。世界各国政府越来越重视研究生教育。美国国家科学基金会在发布的《研究生教育投资战略框架2016—2020》中指出："研究生教育在推进国家科学、工程研究中起核心作用。美国要维持在世界上的领先地位就必须在科学、技术、工程和数学（STEM）领域中居于领先位置。"① 美国研究生院委员会在总结国家科学院发布的关于研究型大学和美国未来的报告的主要结论中指出，"研究生教育就是美国的未来"②。这些理念直接体现在各国加大对研究生教育的投入，积极开展国际合作，提高留学研究生教育质量，提升国家研究生教育的影响力。

（一）加强研究生教育的国际合作，提升来华留学研究生教育质量

"走出去、引进来"是中国教育对外开放的发展战略之一。随着"双一流"建设的持续推进，中国一流大学在研究生教育层面开启了一系列国际合作。2019年9月17日，浙江大学和挪威奥斯陆大学共建"中国—挪威社会与环境联合研究中心"，致力于打造社会与环境领域前沿课题研究的创新团队，推动科学研究的国际间交流和跨学科合作③。同月，华东师范大学"国际治理与商务"中挪俄三

① The National Science Foundation. The National Science Foundation Strategic Framework for Investments in Graduate Education FY 2016-FY 2020［EB/OL］.［2020-05-17］. https://files.eric.ed.gov/fulltext/ED571829.pdf.

② Council of Graduate Schools. A Position Statement The Future of Graduate Education Is the Future of America: A Call to Action［EB/OL］.［2020-05-17］. https://cgsnet.org/sites/default/files/CGS_Position_Statement_Student_Loan_Interest_Rates.pdf.

③ 浙江大学公共管理学院. 浙江大学中国—挪威社会与环境联合研究中心成立揭牌仪式暨2019年中挪社会与环境国际研讨会在浙江大学举行［EB/OL］.（2019-09-18）［2020-05-16］. http://www.spa.zju.edu.cn/spachinese/2019/0918/c13219a1678337/page.htm.

方联合培养硕士项目启动[①]，该项目突破国内传统的双边联合培养模式，开启跨学科、国际化、高层次人才培养的新模式。2019 年 10 月，英国曼彻斯特大学和清华大学签署了合成与系统生物学双博士学位项目协议[②]，两校强强联合将为博士生的成长提供更高水平的培养环境。

2019年武汉大学等高校清退了一批来华留学生

另外，完善中国政府奖学金的管理制度，提升来华留学研究生教育质量。2019 年 7 月，教育部国际合作与交流司负责人就来华留学相关问题答记者问时指出，“要求国家留学基金委和高校实施严格的遴选和录取程序，通过年度评审等方式对奖学金生进行严格考核，未通过评审的，中止或取消其享受奖学金的资格，切实提升培养质量和使用效益”。[③]此外，中国多所一流大学开始严抓来华留学生的教育质量，2019 年，武汉大学、复旦大学、中国人民大学等高校清退了一批来华留学生。2019 年，国家公派留学生人数比上年增加了 500 人，公派留学生学习研究聚焦高精尖专业领域。“2019 年国家建设高水平大学公派研究生项目选派办法”中明确强调，要重点资助应用基础研究、国家重大科技项目、关键共性技术、前沿引领技术、现代工程技术、颠覆性技术创新等领域[④]。

（二）多层面对话国际研究生教育，提升我国研究生教育的国际影响力

中国是世界上第一个将研究生教育学列为一个教育研究新领域的国家，已经建设了一批相关组织机构开展研究生教育领域的研究，招收、培养了研究生教育

① 刘婧雯 . 我校启动中挪俄三方联合培养硕士项目［EB/OL］.（2019-09-10）［2020-05-16］. https://rus.ecnu.edu.cn/t/8403.

② 强薇 . 曼彻斯特大学和清华大学签署双博士学位项目协议［EB/OL］.（2019-10-08）［2020-05-16］. https://baijiahao.baidu.com/s?id=1646822010021985349&wfr=spider&for=pc.

③ 教育部. 质量为先　实现来华留学内涵式发展——教育部国际司负责人就来华留学相关问题答记者问［EB/OL］.（2019-07-20）［2020-05-17］. http://www.moe.gov.cn/jyb_xwfb/s271/201907/t20190719_391532.html.

④ 国家留学基金管理委员会 . 2019 年国家建设高水平大学公派研究生项目选派办法［EB/OL］.（2018-12-24）［2020-05-17］https://www.csc.edu.cn/article/1410.

学专业方向的硕士、博士研究生，在官方与非官方层面与国际研究生教育展开对话与合作。2019 年 10 月 9—10 日，第二届研究生教育学国际会议在北京召开，来自中外知名高校的专家学者、教育管理人员、研究生等共 260 人参加会议。与会代表对“双一流”建设与研究生教育的关系、21 世纪研究生教育尤其是博士生教育面临的机遇与挑战，以及研究生教育评价等方面的问题进行了主题报告与讨论。此次会议首度倡议成立“研究生教育研究国际学者联盟”。该倡议由北京理工大学研究生教育研究中心主任王战军、北京航空航天大学马永红、英国剑桥大学教育学院院长苏姗·罗伯森、美国密歇根大学教育学院布莱恩·P. 麦考尔等十多位与会的国内外专家学者共同发起，并在倡议书上签字，为今后加强研究生教育国际学者交流与合作搭建了充满想象的平台[①]。

在全球化、信息化背景下探讨各国研究生教育的改革与发展，有利于深入了解和认识 21 世纪研究生教育面临的机遇与挑战，有利于更加积极主动地推进世界范围内研究生教育学的发展。中国研究生教育已经走过了 70 年，经历了“又红又专”“坚持标准、严格要求”“保证质量、稳步发展”“坚持方向、稳定规模”“立足国内、适度发展”“按需建设、积极发展”“科教结合、支持创新”“服务需求、提高质量”的发展过程[②]。中国研究生教育波澜壮阔的发展历程是中国伟大崛起辉煌画卷中浓墨重彩的篇章，展示了中国研究生教育的实力，彰显出中国教育强国的决心和信心。

（三）中国研究生教育稳步前行，发展备受西方瞩目

随着“双一流”建设加快，中国研究生的教育规模、海外留学数量、科研合作水平及国际影响力备受西方瞩目。研究生教育改革动向成为外国媒体关注的焦点。国务院开展清理“四唯”专项行动受到了外媒的关注。2020 年 2 月，世界大学新闻网报道了中国教育部、科技部印发《关于规范高等学校 SCI 论文相关指标使用　树立正确评价导向的若干意见》的消息，并指出此举意味着科研评估体

① 北京航空航天大学.见证研究生教育学国际化——高等教育研究院马永红教授师生一行参加第二届研究生教育学国际会议［EB/OL］.（2019-10-12）［2020-05-17］.http://www.hss.buaa.edu.cn/info/1102/3865.htm.

② 王战军，张微.70 年探索奋斗：中国研究生教育发展规律与启示［J］.学位与研究生教育，2019（9）：43-48.

系将发生巨大变化，中国将建立一个更符合中国需求、能用于解决中国问题、适合中国语境的科研评价体系[①]。中国“双一流”建设取得的成果也引起了外媒的关注。中国“双一流”高校在《泰晤士高等教育》（THE）推出的“新兴经济体大学排名”中的表现突出。THE 教育首席知识官菲尔·巴蒂表示：“中国高校在 THE‘新兴经济体大学排名’情况，反映了中国高等教育在世界高等教育舞台上的迅速崛起。随着‘双一流’建设推进，中国一流大学也快速发展。我们希望，中国的‘双一流’建设会继续下去，并在未来几年内，提供世界一流的高等教育。”[②]值得注意的是，随着中国研究生教育的崛起，少数“中国威胁论”者开始限制中国研究生的国际交流与合作，这也将成为未来中国研究生教育发展面临的一个挑战。美国商务部工业和安全局已经将越来越多中国大学和研究机构列入美国政府的“实体清单”，用以限制中美校际间的合作交流，并限制科学、技术、工程和数学相关领域的中国研究生的签证[③]。英国情报机构警告英国的大学，“英国大学招募大量的中国留学生增加了中国窃取大学研究和知识产权的危机，大学计算机系统也受到了威胁”[④]。这些都是耸人听闻的不实之词。

中国学位与研究生教育发展取得了一系列成就，迈上了新台阶，但同时也存在明显不足。根据表征博士研究生教育发展的三个核心要素：发展规模、发展条件和社会贡献，构建的“五度十级”国际博士研究生教育发展指数模型，对 15 个国家的博士研究生教育发展指数进行计算和排名。排名结果表明，中国要在世界博士研究生教育发展格局中取得更大成就，既要提升博士研究生教育质量，又要扩大博士研究生教育规模。

中国既要提升博士研究生教育质量，又要扩大博士研究生教育规模

① Yojana Sharma. China Shifts from Reliance on International Publications[EB/OL].(2020-02-05)[2020-05-17] . https://www.universityworldnews.com/post.php?story=20200225181649179.

② Wang Mingjie. Universities in China Climb Global Rankings List[EB/OL].(2020-02-19)[2020-05-17]. http://www.chinadaily.com.cn/a/202002/19/WS5e4c8e9ca310128217278962.html.

③ Yojana Sharma. US Export Controls Raise Research Collaboration Concerns [EB/OL] .(2019-06-25) [2020-05-17] . https://www.universityworldnews.com/post.php?story=20190625091615818.

④ Brendan O’Malley. Intelligence Agencies Warn Universities of China Threat [EB/OL] .(2019-11-02) [2020-05-17] . https://www.universityworldnews.com/post.php?story=20191101144452131.

站在新的历史起点，要总结研究生教育的历史经验，揭示研究生教育发展的规律，把握未来研究生教育发展的趋势。历史经验表明，我国研究生教育要以立德树人为根本、以服务国家战略需求为导向、以提高培养质量为核心、以“双一流”建设战略为载体，扎根中国大地加快研究生教育发展步伐，这是我国由研究生教育大国迈向研究生教育强国的必由之路。

第二章　研究生教育质量数析

2019年年初，中共中央、国务院印发《中国教育现代化2035》，将高等教育竞争力明显提升作为主要目标之一。这对保障和提升研究生教育质量提出了更高的要求。

一、研究生教育发展基本概况①

（一）研究生培养单位新增13所

2019年全国的研究生培养单位有828所。研究生培养单位中普通高校为593所，比2018年增加13所。培养单位中科研机构为235所，数量与2018年持平。2019年国务院学位委员会批准北京理工大学、华东师范大学等11所高校为第二批学位授权自主审核单位。2019年全国本科院校数量为1265所（含民办本科院校434所），其中可招收培养研究生的高校占比为46.88%。

（二）在校研究生规模达286万人

根据教育部最新统计②，2019年全国在校研究生共计2863712人，比2018年增加约13万人。2019年在校研究生中有博士研究生424182人，占比为14.81%；硕士研究生2439530人，占比为85.19%。按类型区分，学术学位研究生共1366951人（含博士研究生401425人、硕士研究生965526人），占比为47.73%；专业学位研究生1496761人（含博士研究生22757人、硕士研究生1474004人），占比为52.27%。专业学位研究生在研究生总体中占比继续超

① 2019年教育数据统计来自教育部发展规划司编印的《2019年中国教育事业发展统计简况》。

② 从2017年开始，研究生招生、在校生指标的内涵发生了变化，研究生招生包括全日制和非全日制；研究生在校生、授予学位数包括全日制、非全日制和在职人员攻读硕士学位学生。

过 50%，且比例持续增长。

在校研究生中，学术学位博士研究生占 14.02%，专业学位博士研究生占 0.79%，在校专业学位博士研究生的规模首次超过 2 万名，比 2018 年的 14174 人增长了 60.55%，持续大幅增长；学术学位硕士研究生占 33.72%，专业学位硕士研究生占 51.47%（图 2-1）。

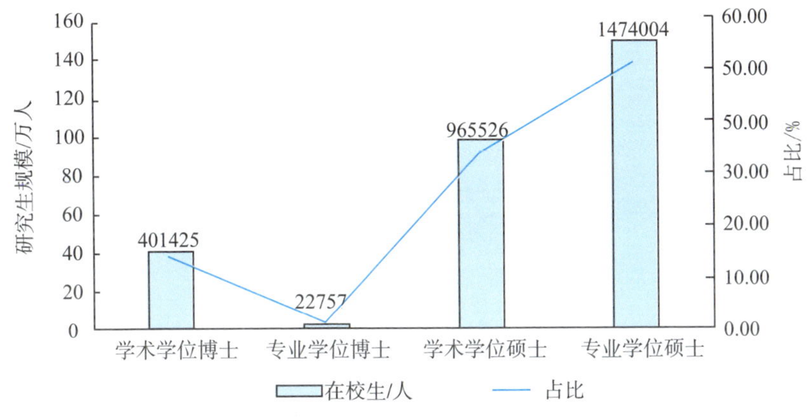

图2–1　2019年在校研究生构成

（三）研究生招生规模超过90万人

2019 年共招收研究生 916503 人。其中，博士研究生为 105169 人（含学术学位博士研究生 94783 人、专业学位博士研究生 10386 人），硕士研究生为 811334 人（含学术学位硕士研究生 337061 人、专业学位硕士研究生 474273 人）。在招收的硕士研究生中，专业学位硕士研究生占比为 58.46%，所占比例较 2018 年继续小幅增长。

从各学科招生人数看，2019 年招收研究生人数最多的依然是工学，招收研究生 323173 人，占比 35.26%，规模与比例较上年都有一定增长。招生规模排第二位和第三位的分别是管理学与医学，占比分别为 14.19% 和 11.06%。招收研究生人数较少的是军事学、历史学、哲学，这三门学科占比之和不足 1.2%（表 2-1）。

表2-1　2019年分学科招收研究生人数和比例

学科门类	招收研究生/人	所占比例/%	博士研究生/人	硕士研究生/人
哲学	4264	0.47	971	3293
经济学	41766	4.56	3288	38478
法学	57356	6.26	5048	52308
教育学	63924	6.97	2362	61562
文学	39184	4.28	2985	36199
历史学	6502	0.71	1154	5348
理学	77385	8.44	20090	57295
工学	323173	35.26	42674	280499
农学	42452	4.63	4595	37857
医学	101347	11.06	15775	85572
军事学	34	<0.01	8	26
管理学	130058	14.19	5084	124974
艺术学	29058	3.17	1135	27923
合计	916503	100.00	105169	811334

（四）毕业研究生人数近64万人

2019 年共毕业研究生 639666 人，比 2018 年增加 5.84%。毕业研究生中，博士毕业生 62578 人，硕士毕业生 577088 人。2019 年毕业研究生人数最多的是工学毕业生，超过 21 万人，占比为 34.02%。除工学，毕业研究生超过 5 万人的学科门类还有管理学（85999 人，占比为 13.44%）、医学（74371 人，占比为 11.63%）、理学（57273 人，占比为 8.95%）。毕业研究生 5000 人以内的学科门类有军事学（93 人，占比为 0.01%）、哲学（3912 人，占比为 0.61%）（表 2-2）。

表2-2　2019年分学科毕业研究生人数和比例

学科门类	毕业研究生/人	所占比例/%	博士研究生/人	硕士研究生/人
哲学	3912	0.61	652	3260
经济学	31625	4.94	2060	29565
法学	42524	6.65	2731	39793
教育学	40189	6.28	1040	39149

续表

学科门类	毕业研究生/人	所占比例/%	博士研究生/人	硕士研究生/人
文学	33405	5.22	1986	31419
历史学	5496	0.86	781	4715
理学	57273	8.95	13562	43711
工学	217590	34.02	23384	194206
农学	26238	4.10	2884	23354
医学	74371	11.63	9668	64703
军事学	93	0.01	24	69
管理学	85999	13.44	3197	82802
艺术学	20951	3.28	609	20342
合计	639666	100.00	62578	577088

（五）研究生指导教师数量超过46万名

2019 年，全国共有研究生指导教师 462099 人，比 2018 年增长 7.41%，保持较高的增长幅度。从专业技术职称看，研究生指导教师中正高级职称为 216545 人，副高级职称 204797 人，中级职称 40757 人。从指导关系看，共有博士研究生指导教师 19341 人，硕士研究生指导教师 346686 人，博士、硕士研究生指导教师 96072 人（图 2-2）。

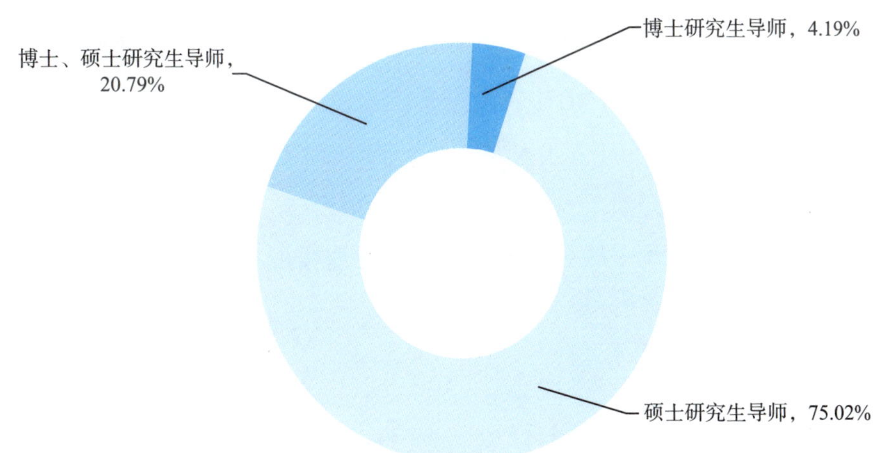

图2-2　2019年全国研究生指导教师结构

国家财政性教育经费比上年增长8.15%

（六）国家财政性教育经费增长8.15%

2018 年，全国教育经费总投入达 46143.00 亿元，比上年增长 8.41%。国家财政性教育经费为 36995.77 亿元，比上年增长 8.15%。2018 年全国国内生产总值为 900309.5 亿元，国家财政性教育经费占国内生产总值的比例为 4.11%，比上年的 4.14% 略有降低，但保持在 4% 以上。2018 年全国普通高等学校生均一般公共预算教育事业费支出为 20973.62 元，接近 2.1 万元，比上年增长 3.33%，增长幅度较上年的 8.27% 大幅收缩。8 个省、自治区、直辖市的普通高校生均支出经费高于全国 20973.62 元的水平，分别是北京市（58805.03 元）、西藏自治区（37281.68 元）、上海市（36405.47 元）、青海省（33795.03 元）、广东省（25877.26 元）、宁夏回族自治区（25120.93 元）、天津市（22865.22 元）、海南省（22465.09 元）；普通高校生均支出经费最低的是山西省（13885.41 元），包括山西省在内共有 7 个省、自治区普通高校生均支出经费低于 1.5 万元，另外 6 个省、自治区是辽宁省、山东省、河南省、湖南省、广西壮族自治区、四川省。2018 年，全国普通高校生均一般公共预算公用经费支出为 8825.89 元，比上年增长 3.76%，但增幅比上年有所降低。一般公共预算公用经费生均支出最高是北京市（26795.81 元），生均支出超过 1 万元的省、自治区、直辖市还有天津市、上海市、福建省、广东省、海南省、西藏自治区、甘肃省、青海省、宁夏回族自治区。一般公共预算公用经费生均支出最低的是山东省（3618.13 元），另外，山西省、黑龙江省、湖南省、四川省、云南省 5 个省的普通高校生均支出也不足 0.6 万元。①

全国普通高等学校生均一般公共预算教育事业费接近2.1万元

① 教育部，国家统计局，财政部. 关于2018年全国教育经费执行情况统计公告[EB/OL].(2019-09-26)[2020-04-08].http://www.moe.gov.cn/srcsite/A05/s3040/201910/t20191016_403859.html.

（七）基础研究经费首次超过1000亿元

2018 年，全国共投入研究与试验发展（R&D）经费 19677.9 亿元，比上年增长 11.8%，增速较上年略有降低，投入总量位居世界第二；R&D 经费投入强度（与国内生产总值之比）为 2.19%，比上年略有提高，投入强度已连续 5 年在 2% 以上，并创出新高。投入强度已经超过 2017 年欧盟 15 国平均水平（2.13%），但与日本、美国相比还有较大差距。按 R&D 人员（全时工作量）计算的人均经费为 44.9 万元，比上年增加 1.3 万元。按活动类型看，2018 年全国基础研究、应用研究和试验发展经费所占比重分别为 5.5%、11.1% 和 63.3%，结构上基本保持稳定，特别是基础研究的比重与上年相同，但其绝对值达到 1090.4 亿元，基础研究经费首次超过千亿元。按活动主体看，企业、政府所属研究机构、高等学校经费支出所占比重分别为 77.4%、13.7% 和 7.4%。高等学校经费支出 1457.9 亿元，增长 15.2%。①

（八）研究生年均资助额达300亿元

2019 年，国家对包括研究生在内的学生资助政策进行了全面规范和加强。2019 年 4 月，财政部、教育部、人力资源社会保障部、退役军人部、中央军委国防动员部出台《学生资助资金管理办法》。该办法规定普通高校资助范围及标准包括 8 项内容，分别是本专科生国家奖学金、本专科生国家励志奖学金、本专科生国家助学金、研究生国家奖学金、研究生学业奖学金、研究生国家助学金、服兵役高等学校学生国家教育资助、基层就业学费补偿国家助学贷款代偿，其中 3 项资助专门针对研究生、2 项资助包括研究生。该办法以附件形式公布了各项学生资助政策的《学生资助资金管理实施细则》，规范了各项资助涉及的申请、评审、发放、管理等工作。随着该办法的出台，2012 年《财政部教育部关于印发〈研究生国家奖学金管理暂行办法〉的通知》、2013 年《财政部教育部关于印发〈研究生学业奖学金管理暂行办法〉的通知》、2013 年《财政部教育部关于印发〈研究生国家助学金管理暂行办法〉的通知》等有关文件被废止。近 5 年，对研究生的国家奖学金、学业奖学金、国家助学金、“三助”岗位津贴等四类奖助额度年均 300 亿元左右。

---

① 国家统计局，科学技术部，财政部 . 2018 年全国科技经费投入统计公报［EB/OL］.（2019-09-26）［2020-04-08］. http://www.stats.gov.cn/tjsj/zxfb/201908/t20190830_1694746.html.

二、2019年研究生教育质量分析①

内涵式发展、高质量发展是研究生教育发展的核心要求。2019 年 2 月，教育部办公厅发布《关于进一步规范和加强研究生培养管理的通知》，从切实落实质量保证主体责任、严格执行培养制度、狠抓学位论文和学位授予管理等八方面对保障研究生教育质量提出了明确的工作要求，这些工作要求具有很强的针对性，也是需要长期坚持的重要质量举措。

（一）研究生招生规模继续扩张

2010 年至今，我国研究生招生规模持续增长。研究生招生规模从 2010 年的 53.8 多万人增长到 2019 年的约 91.7 万人，增长幅度为 70.30%，年均增长幅度为 7.81%。与 2018 年相比，2019 年的研究生招生规模增加了近 5.9 万人，增长幅度为 6.82%。其中，博士研究生招生规模增长 10.12%，硕士研究生招生规模增长 6.41%；博士研究生招生增长比例高于硕士研究生招生增长比例，博士研究生招生规模增幅保持在 10% 以上。2010—2019 年研究生招生规模增长情况见表 2-3。

博士研究生招生规模增长10.12%，硕士研究生招生规模增长6.41%

表2-3　2010—2019年研究生招生规模增长情况

年　份	研究生招生/人	较上年增幅/%	博士研究生招生/人	硕士研究生招生/人
2010	538177	5.33	63762	474415
2011	560168	4.09	65559	494609
2012	589673	5.27	68370	521303
2013	611381	3.68	70462	540919
2014	621323	1.63	72634	548689
2015	645055	3.82	74416	570639
2016	667064	3.41	77252	589812

① 数据来自教育部发展规划司编印的《2019 年中国教育事业发展统计简况》。

续表

年 份	研究生招生/人	较上年增幅/%	博士研究生招生/人	硕士研究生招生/人
2017	806103	20.84	83878	722225
2018	857966	6.43	95502	762464
2019	916503	6.82	105169	811334

（二）研究生就业质量总体良好①

2019 年，全国毕业研究生 639666 名。其中，博士研究生 62578 名，硕士研究生 577088 名，毕业研究生规模近 64 万人。遵照教育部 2013 年开始实施的高校毕业生就业质量报告发布制度，各高校从 2019 年 12 月开始陆续发布本校 2019 届毕业生就业质量报告。截至 2020 年 4 月 18 日，可以通过互联网查询 120 所“双一流”建设高校的 2019 届毕业生就业质量报告，占 140 所“双一流”建设高校数量的 86%。

硕士研究生就业率最高的院校是同济大学（99.68%）

“一流大学建设 A 类高校”研究生就业情况。除了国防科技大学，其他 35 所 A 类高校均公开了 2019 届研究生就业信息。根据公开的就业信息，7 所公布研究生总体就业信息的高校中，研究生就业率均高于 95%。其中，就业率最高的院校是华南理工大学（99.33%），2018 年也是华南理工大学；32 所公布硕士研究生就业率信息的高校中，硕士研究生就业率均高于 95%，硕士研究生就业率最高的院校是同济大学（99.68%），2018 年则为西安交通大学；32 所公布博士研究生就业率信息的高校中，博士研究生就业率均高于 87%，博士研究生就业率最高的是院校是华南理工大学（100%）和西安交通大学（100%），2018 年则为中国人民大学（表 2-4）。

华南理工大学和西安交通大学的博士研究生就业率最高

① 数据来自各高校公布的《2019 届毕业生就业质量年度报告》。

“一流大学建设 B 类高校”的研究生就业情况。可以检索到 6 所 B 类高校中 4 所高校的研究生就业信息，这 4 所高校的硕士研究生、博士研究生、研究生总体 3 种就业率数据为 90% — 99%。

表2-4　2019年“一流大学建设高校”毕业研究生就业率一览

序号	院校名称	硕士毕业人数/人	硕士就业率/%	博士毕业人数/人	博士就业率/%	研究生毕业总数/人	研究生就业率/%
A类							
1	北京大学	3730	99.28	1352	99.48	—	—
2	中国人民大学	3848	99.51	414	99.28	—	—
3	清华大学	2527	98.4	1467	98.4	—	—
4	北京航空航天大学	2907	99.11	471	97.88	—	—
5	北京理工大学	3196	99.03	589	98.64	3785	98.97
6	中国农业大学	1837	96.03	659	95.75	—	—
7	北京师范大学	3506	97.40	665	98.50	—	—
8	中央民族大学	1348	—	211	—	1559	96.54
9	南开大学	3238	96.74	628	91.72	—	—
10	天津大学	3637	98.9	649	96.61	—	—
11	大连理工大学	3568	—	351	—	3919	97.01
12	吉林大学	5519	96.65	971	87.29	—	95.24
13	哈尔滨工业大学	3330	98.47	806	99.01	—	—
14	复旦大学	3782	98.23	1402	98.57	—	—
15	同济大学	3087	99.68	648	98.61	—	—
16	上海交通大学	4035	99.06	1352	99.11	—	—
17	华东师范大学	3112	97.20	529	93.38	—	—
18	南京大学	4038	99.11	877	97.95	—	—
19	东南大学	3482	98.95	646	95.14	—	—
20	浙江大学	4625	98.94	1717	97.79	—	—
21	中国科学技术大学	3173	97.2	1060	93.5	4233	—
22	厦门大学	2838	97.3	404	96.5	—	—
23	山东大学	4379	95.93	632	97.30	—	—
24	中国海洋大学	2450	96.98	399	98.50	—	—

续表

序号	院校名称	硕士毕业人数/人	硕士就业率/%	博士毕业人数/人	博士就业率/%	研究生毕业总数/人	研究生就业率/%
25	武汉大学	6334	96.80	1041	94.62	—	—
26	华中科技大学	6055	97.31	1204	98.09	7259	97.44
27	中南大学	4514	98.69	939	99.25	—	—
28	中山大学	3881	97.22	810	98.64	—	—
29	华南理工大学	3495	99.26	404	100.00	3899	99.33
30	四川大学	5332	95.22	1318	94.61	—	—
31	电子科技大学	3436	—	319	—	3755	98.06
32	重庆大学	3635	97.66	467	96.57	—	—
33	西安交通大学	2958	99.63	615	100.00	—	—
34	西北工业大学	2571	99.61	487	99.38	—	—
35	兰州大学	2932	96.15	335	97.31	—	—
36	国防科技大学	—	—	—	—	—	—
B类							
1	东北大学	3392	—	345	—	3737	95.3
2	湖南大学	3311	98.52	207	96.14	—	—
3	西北农林科技大学	2174	94.20	293	90.10	2467	—
4	云南大学	—	—	—	—	—	—
5	新疆大学	—	—	—	—	—	—
6	郑州大学	4215	93.39	136	98.11	—	—

注：①表中数据来源于42所“一流大学建设高校”公布的《2019届毕业生就业质量年度报告》；②表中所选就业率数据为该校报告中最新的就业率数据，“—”表示人工未在互联网公开信息中检索到该校相关数据，或该校报告中未公开该项信息

“一流学科建设高校”的研究生就业情况。可以通过互联网检索到81所“一流学科建设高校”的研究生就业信息。硕士研究生就业率最高的是中央戏剧学院，就业率为100%。博士生就业率最高的也达到了100%，有北京中医药大学、中央财经大学、对外经济贸易大学、中央音乐学院、中央戏剧学院、南京航空航天大学、中国美术学院、合肥工业大学、青海大学9所高校。研究生总体就业率最高的是中央戏剧学院，就业率为100%。极个别高校研究生就业率低于80%。2019年“一流学科建设高校”毕业研究生就业率如表2-5所示 。

表2-5　2019年“一流学科建设高校”毕业研究生就业率一览

序号	院校名称	硕士毕业人数/人	硕士就业率/%	博士毕业人数/人	博士就业率/%	研究生毕业总数/人	研究生就业率/%
1	北京交通大学	3461	98.67	296	99.32	—	—
2	北京工业大学	2011	98.86	240	98.33	—	98.80
3	北京科技大学	2429	—	395	—	2824	99.19
4	北京化工大学	1705	—	170	—	—	96.85
5	北京邮电大学	2764	99.86	292	97.95	3046	99.67
6	北京林业大学	1420	96.41	197	95.43	1617	96.29
7	北京协和医学院	—	—	—	—	—	—
8	北京中医药大学	1087	99.26	164	100.00	—	—
9	首都师范大学	—	—	—	—	2090	98.95
10	北京外国语大学	873	93.24	85	94.12	—	—
11	中国传媒大学	1632	97.73	119	93.28	—	—
12	中央财经大学	1779	98.88	92	100.00	—	—
13	对外经济贸易大学	1817	99.23	77	100.00	—	—
14	外交学院	311	96.78	24	95.83	—	96.72
15	中国人民公安大学	—	—	—	—	—	—
16	北京体育大学	—	—	—	—	—	—
17	中央音乐学院	190	97.37	25	100.00	215	—
18	中国音乐学院	—	—	—	—	145	86.90
19	中央美术学院	—	—	—	—	334	98.20
20	中央戏剧学院	68	100.00	19	100.00	—	—
21	中国政法大学	1911	98.33	132	97.73	2043	98.29
22	天津工业大学	—	—	—	—	—	—
23	天津医科大学	949	78.81	149	80.54	1098	—
24	天津中医药大学	—	—	—	—	—	—
25	华北电力大学	2264	96.60	169	97.04	—	—
26	河北工业大学	—	—	—	—	—	—
27	太原理工大学	1532	95.95	55	94.55	—	—
28	内蒙古大学	1658	69.8	47	—	1705	68.8
29	辽宁大学	—	—	44	—	1918	97.71

续表

序号	院校名称	硕士毕业人数/人	硕士就业率/%	博士毕业人数/人	博士就业率/%	研究生毕业总数/人	研究生就业率/%
30	大连海事大学	1353	—	38	—	1391	96.48
31	延边大学	1196	55.27	50	55.00	—	—
32	东北师范大学	3548	97.35	366	98.09	3914	97.42
33	哈尔滨工程大学	1975	96.56	267	93.26	2242	96.16
34	东北农业大学	1180	94.24	160	95.63	—	—
35	东北林业大学	1273	85.70	127	89.76	1400	86.07
36	华东理工大学	2441	—	357	—	2798	97.43
37	东华大学	1930	98.70	159	97.48	—	—
38	上海海洋大学	—	—	—	—	812	96.18
39	上海中医药大学	—	—	—	—	—	—
40	上海外国语大学	952	98.00	101	99.01	—	—
41	上海财经大学	1807	99.61	167	93.42	—	—
42	上海体育学院	386	96.4	35	94.3	—	—
43	上海音乐学院	—	—	—	—	—	—
44	上海大学	4141	99.18	151	96.03	—	—
45	苏州大学	3391	95.08	366	90.71	—	94.65
46	南京航空航天大学	2132	99.20	229	100.00	—	—
47	南京理工大学	2154	—	223	—	—	98.99
48	中国矿业大学（徐州）	2123	97.79	359	99.44	—	—
49	中国矿业大学（北京）	1359	96.76	209	95.69	—	—
50	南京邮电大学	—	—	—	—	1350	99.63
51	河海大学	2832	—	216	—	—	97.05
52	江南大学	1764	—	162	—	1926	97.56
53	南京林业大学	1147	—	116	—	1263	98.26
54	南京信息工程大学	—	—	—	—	949	93.68
55	南京农业大学	2265	96.11	523	94.84	—	95.88
56	南京中医药大学	—	—	—	—	—	—
57	中国药科大学	1038	98.94	276	98.91	—	—

续表

序号	院校名称	硕士毕业人数/人	硕士就业率/%	博士毕业人数/人	博士就业率/%	研究生毕业总数/人	研究生就业率/%
58	南京师范大学	2809	91.00	221	97.03	3030	—
59	中国美术学院	338	99.41	13	100.00	—	—
60	安徽大学	—	—	—	—	2195	96.40
61	合肥工业大学	2217	98.24	113	100.00	—	—
62	福州大学	1878	98.14	75	97.33	—	—
63	南昌大学	—	—	—	—	2855	90.65
64	河南大学	2316	89.46	32	96.88	—	—
65	中国地质大学（武汉）	1228	97.48	169	97.63	—	—
66	中国地质大学（北京）	1683	95.66	362	97.24	2045	—
67	武汉理工大学	3854	98.28	171	95.95	—	—
68	华中农业大学	1490	92.21	220	88.18	1710	91.70
69	华中师范大学	3297	91.11	194	95.41	—	91.35
70	中南财经政法大学	2486	97.35	123	99.19	—	—
71	湖南师范大学	2395	84.09	87	95.40	2482	84.49
72	暨南大学	2481	97.38	162	97.53	—	—
73	广州中医药大学	—	—	—	—	—	—
74	华南师范大学	—	—	—	—	—	—
75	海南大学	—	—	—	—	961	90.74
76	广西大学	2310	89.13	46	97.83	—	—
77	西南交通大学	3008	96.44	258	97.24	—	96.50
78	西南石油大学	—	—	—	—	1161	96.38
79	成都理工大学	—	—	—	—	—	—
80	四川农业大学	—	—	—	—	1201	94.17
81	成都中医药大学	714	—	57	—	771	77.03
82	西南大学	—	—	—	—	3651	90.74
83	西南财经大学	2279	92.70	86	87.21	—	—
84	贵州大学	—	—	—	—	2223	92.58
85	西藏大学	—	—	—	—	—	—

续表

序号	院校名称	硕士毕业人数/人	硕士就业率/%	博士毕业人数/人	博士就业率/%	研究生毕业总数/人	研究生就业率/%
86	西北大学	2142	94.3	254	96.85	—	—
87	西安电子科技大学	2785	99.21	164	—	—	—
88	长安大学	2053	—	86	—	2139	97.38
89	陕西师范大学	3308	93.05	136	86.03	—	—
90	青海大学	464	93.10	6	100.00	470	93.19
91	宁夏大学	—	—	—	—	1072	61.47
92	石河子大学	—	—	—	—	—	—
93	中国石油大学（华东）	1742	97.47	107	98.13	—	—
94	中国石油大学（北京）	1826	—	247	—	2073	97.78
95	宁波大学	—	—	—	—	1420	98.66
96	中国科学院大学	—	—	—	—	—	—
97	海军军医大学	—	—	—	—	—	—
98	空军军医大学	—	—	—	—	—	—

注：①表中数据来源于公开资料中能够查询到“一流学科建设高校”公布的《2019 届毕业生就业质量年度报告》；②表中所选就业率数据为该校报告中最新的就业率数据，“—”表示人工未在互联网公开信息中检索到该校相关数据，或该校报告中未公开该项信息

（三）研究生成为科学研究的生力军

高水平科研项目是研究生学位论文选题的重要来源，是研究生创新实践能力培养的重要依托。根据国家自然科学基金委员会公布的《国家自然科学基金资助项目统计资料（2019）》，2019 年国家自然科学基金共资助面上项目 18995 项、重点项目 743 项、地区科学基金项目 2960 项。这 3 种类型的资助项目中，研究生参与超过 10 万人次。按项目组成员组成统计，研究生参加 2019 年获 3 种资助项目累计为 101985 人次，比 2018 年的 101220 人次稳中有增，其中博士研究生 42811 人次，硕士研究生 59174 人次。① 按照项目中研究生参与比例分析，重点

① 国家自然科学基金委员会.国家自然科学基金资助项目统计资料（2019 年度）[EB/OL].[2020-04-08]. http://www.nsfc.gov.cn/nsfc/cen/xmtj/pdf/2019_table.pdf.

项目组成员中博士研究生比例最高，为 30.33%；地区项目组成员中硕士研究生比例最高，为 34.56%。面上项目中，在读研究生占项目组成员比例的 55.22%，重点项目组成员中在读研究生的比例也超过一半。研究生参与 2019 年国家自然科学基金项目的人次及比例如表 2-6 所示。

表2–6　2019年研究生参与国家自然科学基金项目的人次及比例

项目类别	国家自然科学基金项目中研究生参与情况					
	博士研究生		硕士研究生		合计	
	人次	比例/%	人次	比例/%	人次	比例/%
面上项目	38189	24.27	48695	30.95	86884	55.22
地区项目	1582	6.68	8182	34.56	9764	41.24
重点项目	3040	30.33	2297	22.92	5337	53.25

注：表中数据来自国家自然科学基金委员会编写的《国家自然科学基金资助项目统计资料（2019）》

10 万余名在校研究生参加竞赛

学科竞赛对研究生创新实践能力培养具有重要意义。2019 年，教育部学位与研究生教育发展中心和中国科协青少年科技中心联合举办“中国研究生创新实践系列大赛”主题赛事扩展到 11 项，500 余家研究生培养单位的 10 万余名在校研究生参加竞赛，提交创新作品 2.6 万件，① 参赛研究生人数比 2018 年增加约两成。

（四）研究生导师队伍建设持续加强

2019年全国研究生教育的生师比为6.2 : 1

近年来，导师队伍随着研究生教育规模发展也在不断壮大。2019 年，全国研究生导师规模达到 462099 名，在校研究生为 2863712 人，生师比为 6.2∶1。与 2018 年的生师比 6.3∶1 相比，2019 年研究生导师规模相对发展更快，生师比

① 2019 年中国研究生教育十大热点［J］. 中国研究生，2020（1）：2-7.

有所降低，总体上有利于导师加强对研究生的指导。2010—2019 年，导师规模增长了 77.41%，年均增长 8.60%，使生师比总体上保持在 6∶1 左右。研究生导师和在校研究生增长情况及生师比变化情况如表 2-7 与图 2-3 所示。

表2-7　2010—2019年研究生导师和在校研究生数及生师比情况

年份	研究生导师数/人	在校研究生数/人	生师比
2010	260465	1538416	5.9∶1
2011	272487	1645845	6.0∶1
2012	298438	1719818	5.8∶1
2013	315815	1793953	5.7∶1
2014	337139	1847689	5.5∶1
2015	363218	1911406	5.3∶1
2016	378947	1954755	5.2∶1
2017	403135	2639561	6.5∶1
2018	430233	2731257	6.3∶1
2019	462099	2863712	6.2∶1

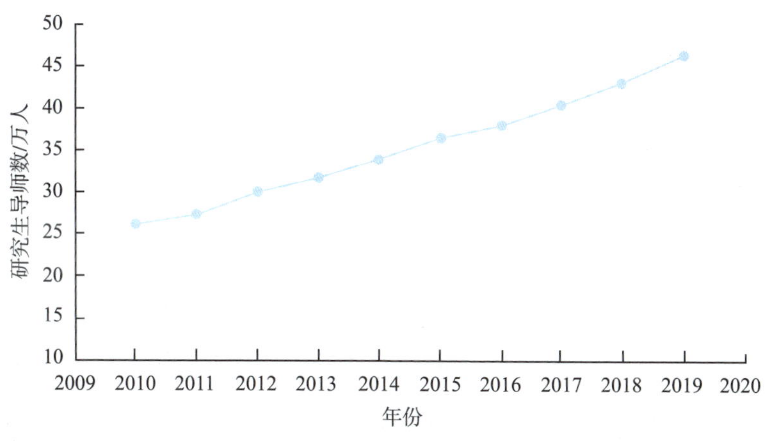

图2-3　2010—2019年研究生导师数的增长情况

研究生导师的职称结构方面，90% 以上的导师具有高级职称。2019 年，有正高级职称的导师人数为 216545 名，占比为 46.86%；有副高级职称的导师人数为 204797 名，占比为 44.32%；有中级职称的导师人数为 40757 名，占比为 8.82%。具有中级职称的导师人数首次突破 4 万人，在导师总体中的占比进一步提高。

（五）专业学位研究生教育规模快速增长

专业学位研究生比上年增长8.52%，招生规模占比为52.88%

2010 年以来，专业学位研究生教育规模显著增长，专业学位研究生教育综合改革不断深化，是近年来研究生教育发展的重要突破口。2019 年，专业学位研究生招生规模达 484659 人，比上年增长 8.52%，专业学位研究生招生规模占比为 52.88%。2019 年在校专业学位研究生近 150 万名，比上年增长 6.04%，占在校研究生数的 52.27%。2019 年在校专业学位研究生规模是 2010 年的近 7 倍，数量从 22 万人增长到近 150 万人，年均增加约 14 万人。2010—2019 年专业学位研究生增长情况如表 2-8、图 2-4 所示。

表2-8　2010—2019年专业学位研究生统计数据

年份	研究生招生总数/人	专业学位招生数/人	专业学位招生占比/%	在校研究生数/人	专业学位在校生/人	专业学位在校生占比/%
2010	538177	119299	22.17	1538416	221664	14.41
2011	560168	159942	28.55	1645845	338042	20.54
2012	589673	198883	33.73	1719818	449674	26.15
2013	611381	228578	37.39	1793953	546386	30.46
2014	621323	240762	38.75	1847689	612854	33.17
2015	645055	263642	40.87	1911406	673000	35.21
2016	667064	282331	42.32	1981051	736301	37.17
2017	806103	404804	50.22	2639561	1350541	51.17
2018	857966	446588	52.05	2731257	1411458	51.68
2019	916503	484659	52.88	2863712	1496761	52.27

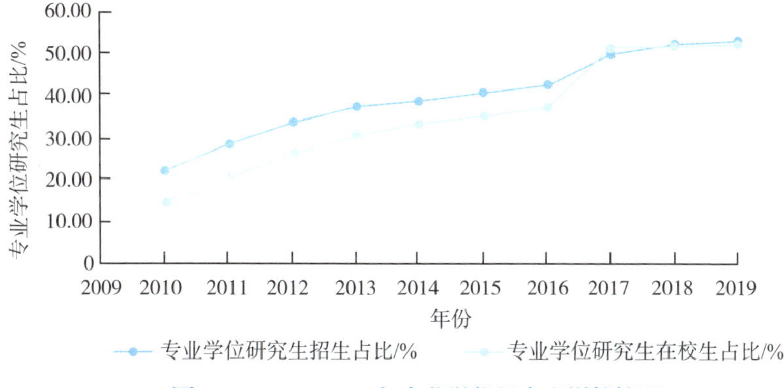

图2-4 2010—2019年专业学位研究生增长情况

三、研究生教育质量存在的问题分析

（一）研究生学位论文质量需进一步提高

博士、硕士学位论文质量是研究生教育质量的核心组成部分，是研究生创新实践成果的集中体现。从国家和部分省级教育行政部门组织开展的学位论文抽检工作来看，若干学位授予单位因为博士学位论文抽检发现问题被教育行政部门约谈。2019 年广东省硕士学位论文抽检优秀率不足 7%，共性问题中既有论文规范性不够，也有学术创新性不够。这反映出研究生学位论文质量还需要进一步提升，既需要通过加强学位授予基本要求来保障学位论文质量合格，也需要激励研究生潜心钻研产出优秀学位论文，从而在整体上提高研究生的学位论文质量。

（二）专业学位培养模式改革有待深入

专业学位研究生的招生规模、在校生规模已经连续3年稳定在50%以上

专业学位研究生的招生规模、在校生规模已经连续 3 年稳定在 50% 以上，且保持持续小幅增长态势。尽管专业学位研究生在招生方面已经与学术学位研究生进行了制度上的区分，但在培养模式方面的特色尚不突出，培养过程的专门职业特征不够显著，部分专业学位类别的培养出口与职业资格之间缺乏有效的衔接，难以满足就业市场对高层次应用型人才的多样化需求。要促进专业学位研究生教育内涵发展，专业学位研究生教育必须深入开展人才培养模式改革，深入推进产教融合，加快实现从规模发展到内涵发展的转变，从而有效服务社会经济发展需求。

（三）博士硕士学位点须注重内涵建设

学位点内涵建设是保障研究生教育质量的重要基础。根据国务院学位委员会《关于开展学位授权点合格评估工作的通知》，2019 年国务院学位委员会办公室和各省级学位委员会组织开展了学位授权点合格评估抽评工作，从博士、硕士学位点抽评情况分析，依然存在重申报、轻建设的倾向，对学位授权点内涵建设不够重视，一些学位授权点在研究生教育质量标准、管理制度、教师队伍、教学质量、学风建设等环节存在不同程度的不足。学位授权点合格评估只是促进学位点加强建设的手段，评估合格是基本要求，而不是终极目的。从提高研究生教育质量的视角看，必须注重学位授权点内涵建设，为研究生教育高质量发展提供可靠保障。

第三章 2019年度中国研究生教育质量事件、单位与人物

2019 年，研究生教育典型的质量事件、质量单位和质量人物，在一定程度上反映了年度研究生教育质量状况。课题组征求部分专家意见后投票评选出研究生教育领域十大质量事件、一个研究生培养示范单位和一位年度质量人物。

一、2019年度研究生教育质量十大事件

（一）国家进一步规范和加强研究生培养管理

2019 年 2 月 26 日，针对研究生教育规范和管理中出现的问题，教育部发布《关于进一步规范和加强研究生培养管理的通知》，目的在于健全研究生培养管理体系，促进研究生培养单位规范管理，提高研究生培养质量。

该通知指出，近年来，教育行政部门陆续出台了一系列文件，采取了一系列举措，健全研究生培养管理体系，促进研究生培养单位规范管理，提高研究生培养质量。总体上看，各研究生培养单位质量保证和监督体系不断完善，培养机制、质量监督保障制度建设取得了很大进展，形成了国务院学位委员会、省级学位委员会、学位授予单位三级质量管理保障体制，构建了研究生培养单位质量保证为基础，教育行政部门监管为引导，学术组织、行业部门和社会机构积极参与的内部质量保证和外部质量监督体系。一方面，人才培养规模稳步提升、结构不断优化，形成了学术型与应用型人才并重的培养格局，培养了大批服务国家和地方经济社会发展、科学技术进步、文化传承创新的优秀人才，国际影响不断扩大。另一方面，个别研究生培养单位在研究生培养过程、师德师风、学位授予等方面仍有学术不端、论文作假等问题发生，暴露了导师责任还未完全落实，研究生学习和自我管理主动性还不足，管理制度还不严密，政策举措还不到位，制度执行不够严格、监督管理不够透明。

为了进一步规范和加强研究生培养管理，该通知从八方面提出了明确要求。主要内容：第一，切实落实质量保证主体责任。培养单位要切实加强党对学位与研究生教育工作的领导，完善与本单位办学定位相一致的人才培养和学位授予质量标准。第二，突出立德树人根本任务和要求，严格执行培养制度。培养单位要切实加强研究生思想政治教育，促进研究生德智体美劳全面发展。第三，狠抓学位论文和学位授予管理。培养单位要珍惜、用好办学自主权，加强自律，科学合理设置培养要求和学位授予条件。第四，切实加强导师队伍建设。培养单位要进一步提高对建设高素质导师队伍重要性的认识，加强师德师风建设，对违反师德、行为失范的导师，实行一票否决，并依法依规坚决给予相应处理。第五，健全预防和处置学术不端的机制。培养单位要突出学术诚信审核把关，加大对学术不端、学位论文作假行为的查处力度，举一反三，防范在前，层层压实责任，强化日常监督。第六，切实增强教育行政部门督导监管责任。国务院学位委员会、教育部进一步优化学术型与应用型人才培养结构，委托国务院学位委员会学科评议组等专家组织及时修订不同学位、不同类型研究生的学位基本要求。第七，强化学位论文抽检结果使用。教育部对连续或多次出现“存在问题学位论文”的学位授予单位和学位授权点，将加大对涉事单位主要负责人约谈力度，视情况开展专项检查、核减招生计划、暂停直至撤销相关学位授权。第八，加大评估和问题单位惩戒力度。教育部 2019 年将强化运用学位授权点合格评估、学位论文抽检等手段，把学位授予管理环节问题较多，师德师风、校风学风存在突出问题的学位授予单位作为重点检查对象。①

（二）教育部对部分学位授予单位进行集体约谈

2019 年 11 月 13 日，国务院教育督导委员会办公室会同教育部发展规划司、学位管理与研究生教育司，对 2018 年博士学位论文抽检发现问题突出的学位授予单位进行集体约谈。这些单位在不合格论文的数量和比例上都十分严重，例如山东大学一共被抽检博士论文 82 篇，其中 4 篇被认定为“问题论文”，占比 5%，问题多集中在创新不足、研究深度不够、研究方法简单、工作量或实例单薄等方面。

① 教育部办公厅.教育部办公厅关于进一步规范和加强研究生培养管理的通知[EB/OL].(2019-02-26)[2020-01-06].http://www.moe.gov.cn/srcsite/A22/moe_826/201904/t20190412_377698.html.

教育部要求，各单位要认真做好五项整改工作。一要高度重视。各单位党委、领导班子要切实提高思想认识，加强对博士学位论文抽检发现问题整改工作的组织领导，逐级压实责任，层层传导压力。二要认真找准问题。要依托学位评定委员会、学术委员会，对近年来本单位存在问题学位论文进行全面分析，倒查博士研究生质量保障中的薄弱环节，形成问题清单。三要加强制度建设。各单位要对照教育部的有关政策要求，全面梳理和健全内部质量保证体系。同时，要切实加强制度执行检查，做到每个环节都有制度监管、每项监管都能起到相应作用。四要加强责任体系管理。要明确本单位各级学位评定委员会和答辩委员会在学位授予管理中的具体职责和工作要求，严格学位授予的全方位、全流程管理。要加强监督队伍建设，对招生遴选、培养过程、论文完成过程进行全程监督。要健全导师评价机制，明确导师岗位聘任要求。五要确保整改取得实效。约谈会后，各单位要立即召开会议，专题研究整改工作，制定整改方案并经学校校长办公会或党委常委会集体研究。各单位在 2020 年博士学位论文抽检中问题论文的篇数和比例要大幅降低。①

约谈，表明教育部高度重视和紧抓高校研究生教育学位授予质量的鲜明态度与坚定决心

此次约谈，表明教育部高度重视和紧抓高校研究生教育学位授予质量的鲜明态度与坚定决心。从高校行动来看，教育部约谈举措发挥了强有力的促进作用，相关高校立即开展质量行动。例如，中山大学严把论文“出口关”，加大学位论文抽查比例，2020 年博士学位论文将抽查 50%、硕士学位论文将抽查 20%。加强对学位论文质量监督，对抽查“存在问题”论文，实行学位质量问责制度，强化导师的主体责任意识，提高研究生学位论文质量。②

① 教育部 . 国务院教育督导委员会办公室对 2018 年博士学位论文抽检发现问题突出的高等学校和研究院所进行集体约谈［EB/OL］(2019-11-14)［2020-01-06］.http://www.moe.gov.cn/jyb_xwfb/gzdt_gzdt/s5987/201911/t20191114_408263.html.

② 教育部 . 中山大学坚持与国家战略和区域发展同频共振　推动研究生教育内涵建设［EB/OL］(2020-03-02)［2020-03-16］.http://www.moe.gov.cn/jyb_sjzl/s3165/202003/t20200302_426396.html.

（三）国家加强和改进新时代师德师风建设

2019 年 12 月 16 日，教育部等七部门印发《关于加强和改进新时代师德师风建设的意见》，进一步明确新时代师德师风建设的指导思想、基本原则、工作目标及任务举措，健全师德师风建设长效机制，倡导全社会尊师重教。

该意见从全面加强教师队伍思想政治工作、大力提升教师职业道德素养、将师德师风建设要求贯穿教师管理全过程、营造全社会尊师重教氛围、加强师德师风建设工作保障 5 方面，提出 15 项任务举措。这些举措包括：坚持教育者先受教育，健全教师理论学习制度，注重理论与实践相结合，引导教师积极参与社会实践；将师德涵养融入教育教学工作、立德树人过程，锤炼高尚道德情操；严格教师管理，将师德师风建设工作做在日常、严在日常，在教师的招聘引进、考核评价、日常监督与违规惩处等方面，强化师德师风要求，突出师德师风第一标准。同时，还在依法保障教师履行教育职责，维护教师依法执教职业权利，加强尊师教育，以及鼓励社会各方积极参与支持教师工作等方面制定了一系列举措，着力提升教师的政治地位、社会地位、职业地位，让广大教师享有应有的社会声望，营造全社会尊师重教的浓厚氛围。[①]

该意见对推进师风师德建设任务落实作出部署，要求各地各校要把加强师德师风建设、弘扬尊师重教传统作为教师队伍建设的首要任务，夯实学校主体责任，压实学校主要负责人第一责任人责任，建立健全责任落实机制。该意见强调将教师队伍建设作为教育投入重点予以优先保障，支持师德师风建设，并提出要建设一批师德师风建设基地，提高师德师风建设工作的科学性、实效性。通过多方举措，努力建设政治素质过硬、业务能力精湛、育人水平高超的高素质专业化创新型教师队伍，激励广大教师在教书育人岗位上为党和人民的教育事业做出新的更大贡献。

---

① 教育部.教育部等七部门印发《关于加强和改进新时代师德师风建设的意见》健全师德师风建设长效机制［EB/OL］.（2019-12-16）［2020-01-06］.http://www.moe.gov.cn/jyb_xwfb/gzdt_gzdt/s5987/201912/t20191216_412125.html.

教育部相继公开曝光多起违反教师职业行为十项准则典型案例

为督促各部门各单位严格执行相关规定，有针对性地提升师德师风建设水平，2019 年 4 月、7 月、12 月，教育部相继公开曝光多起违反教师职业行为十项准则典型案例，加强警示教育和规范教育。有评论指出，国家出台相关政策文件加大对违规行为的查处力度，对违规问题进行公开通报，表明了正风肃纪的坚定决心，起到了良好的警示作用，有助于加强新时代师风师德建设。[①②③]

（四）高校研究生教育战线为国家精准扶贫贡献力量

2019 年 11 月 7 日，为进一步压实帮扶责任，助力巩固脱贫成果，教育部定点扶贫工作推进会在京召开，教育部党组书记、部长陈宝生出席会议并讲话。陈宝生指出，各地方政府和各高校加强合作，在实践中加深了对习近平新时代中国特色社会主义思想特别是习近平关于扶贫工作重要论述的认识，加深了对扶贫工作规律的认识。

陈宝生强调，中共十八大以来，党中央把脱贫攻坚摆到更加突出的位置，脱贫攻坚已到了决战决胜、全面收官的关键阶段。站在新的历史起点上，教育战线要不失时机地把定点扶贫工作重心转移到防贫防返贫上来，切实巩固脱贫攻坚取得的阶段性成果，实现定点扶贫工作从短期向长效、从治标向治本、从摘帽向振兴的转变。一是建立防贫防返贫的“雷达”系统，用精准扶贫脱贫的方法，加大对脱贫攻坚工作的监测力度，掌握工作动态和主动权。二是建立防贫防返贫的屏障系统，建起政府和群众之间的缓冲带、脱贫与致富之间的过渡带、防贫防返贫和其他工作之间的隔离带。三是建立防贫防返贫的责任区，对现有的定点扶贫工作机制加以改造，稳定工作队伍，完善资源配置格局。四是建立防贫防返贫的支撑结构，大力培育和发展产业，促进稳定就业，保障稳定的脱贫攻坚成果。五是建

① 教育部.教育部曝光10起违反教师职业行为十项准则典型案例[EB/OL].(2019-12-07)[2020-01-06]. http://www.moe.gov.cn/jyb_xwfb/gzdt_gzdt/s5987/201912/t20191205_410994.html.

② 教育部.教育部曝光8起违反教师职业行为十项准则典型案例[EB/OL].(2019-07-31)[2020-01-06]. http://www.moe.gov.cn/jyb_xwfb/gzdt_gzdt/s5987/201907/t20190731_393178.html.

③ 教育部.教育部曝光4起违反教师职业行为十项准则典型案例[EB/OL].(2019-04-03)[2020-01-06]. http://www.moe.gov.cn/jyb_xwfb/gzdt_gzdt/s5987/201904/t20190403_376596.html.

立防贫防返贫的基础结构，强化教育战线的历史自觉、政治自觉、行动自觉，充分发挥教育在防贫防返贫一线的基础性作用。[①] 陈宝生指出，在这场历史性的脱贫攻坚战役中，党和国家要求优秀学子要主动参与进来，尤其是研究生群体，更应该充分发挥自身专业优势，因地制宜地开展扶贫工作，为脱贫攻坚事业添砖加瓦。[②]

教育扶贫是国家精准扶贫的重要组成部分，研究生在教育扶贫中发挥着不可或缺的作用。近年来，各高校按照教育部统一部署，立足“三农”，充分发挥研究生的学科和人才优势，从教育、科技、实践和创新创业等方面入手，积极探索研究生教育扶贫工作新模式，成效显著。例如：中国农业大学研究生深入扶贫一线助力脱贫攻坚主战场，探索“科技小院”新模式，为脱贫增收做贡献；参与脱贫攻坚实践项目，为农业农村谋发展；搭建多元科技服务平台，为扶贫攻坚当参谋。[③] 中山大学研究生发挥医药学科优势，实施健康扶贫；发挥人文学科优势，传承非遗文化；发挥社会科学优势，推动乡村振兴。[④] 南京农业大学探索研究生教育助力脱贫攻坚新模式，发挥学科优势，助力定点扶贫；发挥人才优势，开展教育扶贫；情系老区人民，致力实践扶贫；激发创新活力，实施双创扶贫。[⑤] 北京师范大学毕业研究生黄文秀投身革命老区的脱贫攻坚主战场，深入团结群众和村干部，顾大家舍小家，终使百坭村脱贫 88 户 418 人，贫困发生率从 22.88% 降至 2.71%。[⑥]

（五）我国硕士研究生招生报名人数连续两年增长50万人

2019 年 12 月 18 日，教育部公布了 2020 年研究生考试的报名人数，共有

---

① 教育部 .2019 年教育部定点扶贫工作推进会召开［EB/OL］.（2019-11-08）［2020-01-06］.http://www.moe.gov.cn/jyb_xwfb/gzdt_gzdt/moe_1485/201911/t20191108_407514.html.

② 教育部 .2019 年教育部定点扶贫工作推进会召开［EB/OL］.（2019-11-08）［2020-01-06］.http://www.moe.gov.cn/jyb_xwfb/gzdt_gzdt/moe_1485/201911/t20191108_407514.html.

③ 教育部.中国农业大学研究生深入扶贫一线助力脱贫攻坚主战场［EB/OL］.（2019-05-30）［2020-01-06］.http://www.moe.gov.cn/s78/A22/moe_847/201905/t20190530_383717.html.

④ 教育部.中山大学发挥学科优势助力定点扶贫［EB/OL］.（2019-04-23）［2020-01-06］.http://www.moe.gov.cn/s78/A22/moe_847/201904/t20190423_379182.html.

⑤ 教育部 . 南京农业大学探索研究生教育助力脱贫攻坚新模式［EB/OL］.（2019-04-01）［2020-01-06］.http://www.moe.gov.cn/s78/A22/moe_847/201904/t20190401_376251.html.

⑥ 侯雪静 . 黄文秀被追授“全国脱贫攻坚模范”称号［EB/OL］.（2019-06-28）［2020-01-06］.http://www.xinhuanet.com/2019-06/28/c_1124685049.htm.

341 万人，这一数字较上一年度的 290 万人增加了 51 万人，增幅达到 17.59%，再次创下历史新高。据数据统计，2016 年研究生报名人数为 177 万人，2017 年研究生报考人数首破 200 万人大关，达 201 万人；到 2018 年，考研报名人数升至 238 万，较上一年增幅达 18.4%。这一增幅在 2019 年再度被刷新，2019 年全国考研人数规模达到 290 万人，比 2018 年再增 52 万人，增幅升至 21%。纵观近 5 年的考研报名数据，从 2016 年的 177 万人，到 2020 年的 341 万人，5 年时间，考研报名人数已接近翻番。

5年时间，考研报名人数已接近翻番

从地方来看，2020 年多省份研招报名人数大幅增加。以高校众多的北京为例，据北京教育考试院公布的数据，2020 年全国报考北京招生单位的考生共有 46 万余人，增幅达 18.7%。报考人数逾万人的高校包括北京大学、中国人民大学、中国科学院大学、清华大学、中国传媒大学、北京师范大学等 17 家招生单位。从院校来看，据中国研究生招生信息网的消息，天津科技大学、中国农业大学、北京电影学院等诸多高校都在本次研招中创下报名人数新高。图 3-1 显示了 2010—2019 年考研报名人数及增长情况。

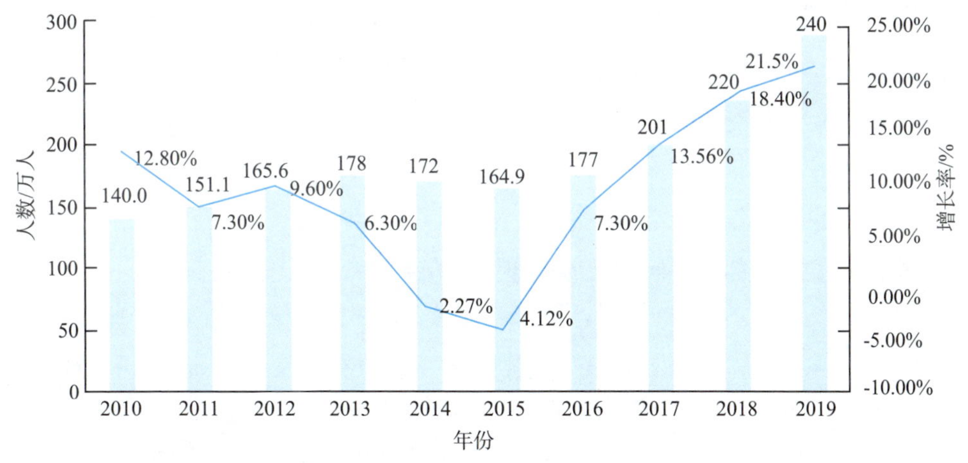

图3-1 2010—2019年考研报名人数及增长情况

目前，考研热度较高与我国经济处于转型期相关。经济稳步发展和结构转型对高层次人才培养提出了迫切需求，考生对提升自我竞争力的要求越来越高。“大学生为了提升就业竞争力，尽可能地提升自己的学历，虽然学历的高低对职业能力增加并没有很明显的改善，但由于用人单位十分看重学历，学历在招聘当中的作用依然存在，导致考研人数的增加。”中国教育科学研究院研究员储朝晖如是分析。[①]教育部也强调要严肃考场纪律，在校生作弊或开除学籍。2019 年 11 月，教育部召开的 2020 年全国硕士研究生招生考试安全工作视频会议要求，对招生考试违规违纪行为，教育考试部门将发现一起，查处一起，零容忍，绝不姑息。对于涉考违法犯罪，教育考试部门将坚决配合司法机关依法严厉打击。[②]

（六）高校推动学位“挤水分”，严把研究生“出口质量关”

2019 年 12 月以来，国内部分省份和高校陆续发布了研究生教育质量管理文件，并对国内外不合格的研究生进行清退处理。例如，2019 年 12 月 25 日，江苏省教育厅召开新闻通气会，发布《江苏省研究生教育质量年度报告（2019）》。为切实提高研究生培养水平，保障学位授予质量，推动“学位挤水”，近年来江苏省积极构建研究生教育质量保障和监督体系，特别是推动高校建立健全研究生分流淘汰机制、时限终结机制和学术不端零容忍机制，努力把好研究生教育质量“出口关”。数据显示，2018 年，江苏省应届毕业研究生按期毕业 4.2 万人，延期 7256 人，分流淘汰 682 人。2019 年，全省应届毕业研究生按期毕业 4.2 万人，延期 8266 人，分流淘汰 758 人。关于研究生分流淘汰的主要原因，江苏省教育厅研究生教育处处长杨树兵认为有 3 个：“一是无法完成学业，一是中期考核不合格，还有少部分是因为学术不端。”[③]据悉，下一步，江苏省将认真贯彻研究生教育高质量发展的部署，始终把质量作为研究生教育的灵魂和生命。

---

① 郎朗，杨雨奇. 2020年考研今起开考：341万人报名　创历史新高［EB/OL］.（2019-12-21）［2020-01-06］.http://www.chinanews.com/gn/2019/12-21/9039649.shtml.

② 教育部.教育部公布2020年研考违规违法行为举报电话　提醒广大考生知法守法诚信考试［EB/OL］.（2019-12-05）［2020-01-06］.http://www.moe.gov.cn/jyb_xwfb/gzdt_gzdt/s5987/201912/t20191218_412483.html.

③ 淡洁 . 研究生不好混了！ 2019 年江苏分流淘汰研究生 758 人［EB/OL］.（2019-12-25）［2020-01-06］.http://www.njdaily.cn/2019/1225/1819056.shtml.

近30所高校公布了超过1300名硕士、博士研究生的退学名单

据《光明日报》2019年12月24日报道，近30所高校公布了超过1300名硕士、博士研究生的退学名单，其中包括清华大学、复旦大学和中国人民大学等知名高校。“我国的高等教育已经进入高质量发展的新阶段。研究生教育是人才培养的顶端，培养高质量人才的任务首先就要落在研究生教育上。”浙江师范大学教授楼世洲表示，“让严进严出成为研究生培养的常态，更应充分发挥过程评价的硬约束作用”。①

（七）教育部持续强化对学术不端行为监督查处力度

2019年10月16日，教育部网站发布《对十三届全国人大二次会议第7079号建议的答复》，披露了教育部经商科技部答复全国人大代表提出的“关于严厉打击学术不端行为的建议”的具体内容。教育部在该答复中分别对“加强科研诚信的制度建设”“规范科研诚信案件的调查处理”“开展多部门的联合惩戒措施”“构建科学合理的评价体系”“加强科研诚信的宣讲教育”5方面进行了具体介绍。

教育部要求高校按照《高等学校预防与处理学术不端行为办法》有关要求，做到学风建设机构、学术规范制度、不端行为查处机制“三公开”，调查认定教育部交办的举报做到认定事实、处理依据、调查专家名单“三必报”。教育部出台《关于强化学风建设责任实行通报问责机制的通知》，将学风建设列为高校党风廉政建设主体责任的重要内容。同时加强对高校调查和处理过程的监督问责，对学术不端举报查处不力的高校或教育主管部门领导进行约谈。在入学教育等学生培养环节中强化科研道德教育内容，修订出版《高等学校科学技术学术规范指南》手册和标准课件，鼓励面向全体学生开设诚信教育相关课程，并纳入学分管理。各高校将学风宣讲工作纳入到新生入学培训、新入职老师岗前培训、新聘教授导师培训等日常工作中，形成学风宣讲的常态化和制度化。②

---

① 陈鹏.近30所高校清退1300多名研究生——让严进严出成为研究生培养常态[EB/OL].(2019-12-24)[2020-01-06].http://news.gmw.cn/2019-12/24/content_33424084.htm.

② 教育部.对十三届全国人大二次会议第7079号建议的答复[EB/OL].(2019-10-16)[2020-01-06].http://www.moe.gov.cn/jyb_xxgk/xxgk_jyta/jyta_kjs/201910/t20191016_403748.html.

各研究生培养单位通过各种有效途径和形式广泛深入开展学风建设教育活动。例如，中国科学院在2019年度弘扬科学家精神、加强作风和学风建设视频会上提出要对违背科研诚信要求和学术不端的行为严肃查处。中国科学院院长、党组书记白春礼表示，要坚持问题导向、标本兼治的原则，把抓好制度建设和完善制度体系作为重要突破口，还要建立常态化监督检查机制，抓实监督惩治，对违背科研诚信要求和学术不端的行为，开展全覆盖、无禁区、零容忍的严肃查处，真正起到震慑效果，营造风清气正的科研环境。①

（八）中国学位与研究生教育学会编辑出版《教育规律读本》

2019年5月25日，教育规律研讨会暨《教育规律读本》出版座谈会在北京商务印书馆召开。《教育规律读本》是中国学位与研究生教育学会委托课题的研究成果。会议由中国学位与研究生教育学会、商务印书馆主办，中国学位与研究生教育学会会员部、研究生教育学专业委员会承办。《教育规律读本》编委会和作者、中国学位与研究生教育学会会员代表、部分研究生教育学专业委员会委员和媒体代表等50余人参加了会议。

《教育规律读本》编委会主任赵沁平院士介绍了编写本书的初衷和过程。“按教育规律办教育”已成为社会共识，但教育规律有哪些基本内容，目前学界尚未达成共识。《教育规律读本》的编写就是尝试对教育规律进行系统性挖掘和梳理，以期引起对这一问题的讨论，并逐步形成共识。中国学位与研究生教育学会通过围绕教育规律开展讨论，面向学会个人会员和社会人士公开征集各自心目中的教育规律，并组织相关领域专家召开多次研讨会，首批遴选了中国古代先贤在有关典籍中提出的，经过千百年教育实践验证的三十六条育人至理。有关专家查阅了百余部经史典籍，精心编写了忠于原意的释文，形成了这本《教育规律读本——育人三十六则》。全书分教、学、道三部分，每部分阐释十二个条目，这些条目从不同角度体现了中国教育先贤哲人的教育思想。经过2000多年不同社会和不同民族的实践，这些璀璨深邃的教育思想，以及所揭示的教育规律、教育原则被证明是教育成功所必须遵从和敬畏的。研讨中，专家们认为，中国历史和传统文

① 邱晨辉．中科院：严肃查处学术不端　真正起到震慑效果［EB/OL］．（2019-09-11）［2020-03-25］．http://zqb.cyol.com/html/2019-09/11/nw.D110000zgqnb_20190911_4-04.htm.

化中关于教育的论述和思想是极其丰富的，也包含了非常独特的价值。推进教育现代化，应当遵循教育规律和人才成长规律，不仅需要广大教育工作者对教育规律有更深刻的认识，也需要广大人民对教育规律有更清晰的了解。

清华大学原副校长谢维和教授认为，《教育规律读本》深耕了中国特色社会主义教育的历史与文化沃土，赋予了教育传统以时代的新意，并进行了创造性转化和创新性发展。它的意义和价值绝不仅是它对教育规律内容的阐述和发展，更重要的是，它呈现了教育规律的民族形态，体现了中国教育走向世界的文化自信，反映了中国教育在理论和实践方面的复兴和成熟。①

（九）研究生教育研究国际学者联盟成立

2019 年 10 月 10 日，由北京理工大学研究生教育研究中心、人文与社会科学学院与北京大学中国博士生教育研究中心，以及剑桥大学教育学院主办，北京师范大学高等教育研究院协办的“第二届研究生教育学国际会议”在北京举行。②

此次会议首度倡议成立“研究生教育研究国际学者联盟”（图 3-2）。由北京理工大学研究生教育研究中心主任王战军教授、北京航空航天大学马永红教授、英国剑桥大学教育学院院长苏姗·罗伯森教授、美国密歇根大学教育学院布莱因·P. 麦考尔教授、墨尔本大学理查德·斯特拉格内尔教授、汉诺威大学芭芭拉·M. 科姆研究员等十多位与会的国内外研究生教育专家学者共同发起该提议，并均在倡议书上签字，为今后加强研究生教育研究国际学者交流与合作搭建了充满想象的平台。

研究生教育作为各国高层次创新型人才和高水平科学研究的关键支持，其发展日益成为全球各国关注的议题。经过几十年来研究生教育的实践者和研究者的共同努力，研究生教育领域的研究已引起国内外更多研究者的关注。研究生教育研究国际学者联盟的成立，有利于研究生教育界启迪思想、开阔视野、促进研

① 中国学位与研究生教育学会 . 教育规律研讨会暨《教育规律读本》出版座谈会在京召开［EB/OL］.（2019-05-25）［2020-01-06］.http://www.csadge.edu.cn/info/zxhdt/3349.

② 北京理工大学研究生教育研究中心 . 北京理工大学举办第二届研究生教育学国际会议［EB/OL］.（2019-10-30）［2020-01-06］.http://rw.bit.edu.cn/rwzt/qzjy20znzt/166545.htm.

究、深化交流、形成共识，有利于推进研究生教育发展。①

图3-2　研究生教育研究国际学者联盟成立

（十）第二届研究生教育学国际会议成功召开

2019 年 10 月 9—10 日，第二届研究生教育学国际会议在北京召开（图 3-3）。该届会议由北京理工大学、北京大学、剑桥大学主办，北京师范大学协办。中国科学院院士、中国学位与研究生教育学会会长杨卫，教育部学位管理与研究生教育司司长洪大用，国家教育咨询委员会委员、中国高等教育学会原会长瞿振元，中国高等教育学会副会长、西北工业大学党委书记张炜，北京理工大学党委书记赵长禄，中国戏曲学院党委书记龚裕，中国学位与研究生教育学会副会长、中国科学技术大学原副校长张淑林，北京理工大学副校长李和章，中国戏曲学院副校长冉常建，中国学位与研究生教育学会副会长、北京理工大学研究生教育研究中心主任王战军，北京市教育委员会研究生工作处处长李善廷，以及来自英国剑桥大学、美国密歇根大学、德国汉诺威大学、加拿大西安大略大学、澳大利亚墨尔本大学等国内外知名高校的专家学者、教育管理人员、研究生等 260 人参加会议。②

① 马万里，任政.见证研究生教育学国际化——高等教育研究院马永红教授师生一行参加第二届研究生教育学国际会议［EB/OL］.（2019-10-12）［2020-01-06］.http://www.hss.buaa.edu.cn/info/1102/3865.htm.

② 北京理工大学研究生教育研究中心 . 北京理工大学举办第二届研究生教育学国际会议［EB/OL］.（2019-10-30）［2020-01-06］.http://rw.bit.edu.cn/rwzt/qzjy20znzt/166545.htm.

图3–3 第二届研究生教育学国际会议

赵长禄书记为大会致开幕词，他指出，研究生教育是世界一流大学和一流学科建设的载体平台，是高层次创新型人才和高水平科学研究的关键支撑，世界各国对研究生教育都十分重视。北京理工大学一直是中国研究生教育领域的坚守者和耕耘者，在研究生教育学科建设方面走在了前列，在知识经济推动社会变革的背景中，需要凝聚全世界研究生教育研究者的卓越智慧、融合全世界研究生教育管理者的丰富经验，为共同促进研究生教育学产生新的学术生长点和现实贡献力提供平台。作为主办方，英国剑桥大学教育学院院长苏姗·罗伯森教授向大会致辞：研究生教育在世界各国促进知识经济和知识社会转型过程中发挥着至关重要的作用，希望借此开展中西方持续对话，共同为研究生教育做出持续的贡献。

大会主题发言环节，洪大用司长从三个视角分析研究生教育体系，指出研究生教育是长久的事业，需要研究的引导、系统的设计和科学的规划。杨卫会长从历史观的视角审视了我国一流大学的建设。瞿振元教授指出我国研究生教育质量提升要从依靠管理到注重过程的转变，建立共建共享的培养机制。剑桥大学教育学院苏姗·罗伯森院长梳理了三种知识生产模式，呼吁通过合作伙伴关系的建构来应对未来共同的挑战。西安大略大学终身教授李军从三个维度定义了中国大学3.0的概念，通过对中西大学组织的形态对比总结院校自治与院校自主的差异与内涵。密歇根大学教授布莱恩·P. 麦考尔通过对过去20年间美国博士生培养与就业情况的数据梳理，分析了美国博士生劳动力市场变化及不平等加剧的内在动因。墨尔本大学教授理查德·斯特拉格内尔调查了博士生求学动机与就业期望，总结了博士生教育国际化面临的诸多挑战。汉诺威大学研究员芭芭拉·M．科姆认为国际竞争加剧人才争夺，博士生培养成为超过国家层面的战略目标，并分享了欧洲博士生教育改革的问题及形成机制。同时，在与会人员的共同见证下，研究生教育研究国际学者联盟宣告成立，为今后加强国际学者交流与合作搭建了充满想象的平台。

最后，王战军主任为大会作总结发言。他指出，本次会议启迪了思想、开阔了视野，促进了研究、深化了合作，既有充分的交流，也形成了一定的共识。站在中国研究生教育 70 年的新起点，研究生教育学科的构建与研究生教育强国的建设迈向新征程，本次会议具有里程碑式的意义，具有重要的理论价值与实践意义。①

二、2019年度中国研究生教育质量单位——兰州大学

（一）单位简介

兰州大学是教育部直属的全国重点综合性大学，国家“双一流”建设高校之一。学校创建于 1909 年，其前身是清末新政期间设立的甘肃法政学堂。1928 年扩建为兰州中山大学，1946 年定名为国立兰州大学。中华人民共和国成立后，兰州大学迅速发展壮大，在高等学校院系调整中，被确定为国家 14 所综合性大学之一，成为国家高等教育格局中具有重要战略地位的一所大学。改革开放以来，学校紧紧抓住国家实施“科教兴国”“人才强国”战略和“211 工程”“985 工程”的历史机遇，全面提高办学水平。2002 年和 2004 年，原甘肃省草原生态研究所、兰州医学院先后并入和回归兰州大学，学校迎来了历史上的快速发展时期。2017 年，兰州大学入选国家“双一流”建设高校名单（A 类），化学、大气科学、生态学、草学 4 个一流学科入选“双一流”学科建设名单，学校发展进入了新时代。

① 周世祥．聚焦研究生教育发展　第二届研究生教育学国际会议在京举行［EB/OL］.（2019-10-14）［2020-05-06］.http://edu.gmw.cn/2019-10/14/content_33232660.htm.

2019年兰州大学成为31个学位授权自主审核单位之一

兰州大学研究生教育始于1954年。1978年，兰州大学恢复研究生教育。1981年，《中华人民共和国学位条例》开始实施，学校成为我国首批实施博士、硕士学位授权的高等学校。自此，兰州大学学位与研究生教育步入了健康发展的新时期。2000年6月，教育部批准兰州大学试办研究生院，2004年5月，教育部批准兰州大学正式建立研究生院。2010年，学校成为自行审核博士、硕士学位授权一级学科的58个学位授予单位及自行审核硕士专业学位授权类别的单位之一。2019年，学校入选学位授权自主审核单位名单，成为全国31个学位授权自主审核单位之一。

（二）研究生教育规模和结构

兰州大学目前共有博士研究生导师686人，硕士研究生导师1290人。其中，两院院士18人（含双聘），“万人计划”领军人才14人，教育部“长江学者奖励计划”特聘教授19人，国家杰出青年科学基金获得者24人，百千万人才工程国家级人选13人，科技部“创新人才推进计划”中青年科技创新领军人才7人，教育部“高等学校教学名师”4人，“万人计划”青年拔尖人才6人，教育部“长江学者奖励计划”青年学者10人，国家优秀青年科学基金获得者26人，教育部新世纪（跨世纪）人才129人，甘肃省教学名师33人，甘肃省领军人才104人，国家自然科学基金委创新研究群体4个，教育部创新团队8个，高等学校学科创新引智基地9个，国家级教学团队5个。

兰州大学学科门类齐全，学科特色鲜明，涵盖了12个学科门类。现有24个博士学位授权一级学科，45个硕士学位授权一级学科，1个博士专业学位授权类型，21个硕士专业学位授权类型，19个博士后科研流动站。2012年，在全国第三轮学科水平评估中学校有6个学科进入前10名，其中草学排名第一，有11个学科进入排名百分位前30%；2017年，在全国第四轮学科评估中，草学一级学科被评为A+，生态学被评为A；2020年3月，学校共有13个学科进入ESI全球前1%，其中化学学科进入ESI全球前1‰。

2020年共有13个学科进入ESI全球前1%

兰州大学学位与研究生教育从无到有，在自然条件十分艰苦、社会发展相对落后的情况下，历尽筚路蓝缕之艰难，饱经呕心沥血之辛苦，积极探索经济欠发达地区综合性、研究型、高水平大学研究生培养的新模式，努力实践研究生教育规模和质量协调发展的战略，已建成层次完整、门类齐全的研究生培养体系，为国家培养了数以万计的高层次人才，已成为国家重要的研究生培养基地之一。截至 2020 年 3 月，在校研究生总规模 14657 人，其中有博士研究生 2774 人、硕士研究生 11288 人、非学历教育研究生 595 人；累计授予博士硕士学位人数 53681 人；共有 8 篇、18 篇论文分别入选全国优秀博士学位论文、提名论文，62 篇博士学位论文、103 篇硕士学位论文入选甘肃省优秀学位论文；教育部博士研究生学术新人奖获得者 30 人；据不完全统计，13 位研究生校友当选两院院士。

（三）研究生培养经验

兰州大学认真贯彻全国教育大会和全国高校思想政治工作会议精神，落实立德树人根本任务，精心构建质量保障体系，强化研究生教育培养工作，着力培养拔尖创新人才。

1. 以政治建设为基础，突出党建育人

以党建引领研究生培养，制定支部党建工作标准，引导全校研究生党支部对标对表开展工作。举办研究生党建骨干培训班，开展“研究生样板党支部”“研究生党员标兵”创建工作、“一支部一品牌”优秀案例评选活动、“研究生党员宿舍”挂牌活动，组织“微党课”大赛并将成果向全校推广。发挥全国重点马克思主义学院示范引领作用，成立习近平新时代中国特色社会主义思想青年研习社、学习兴趣小组、宣讲团，实施研究生马克思主义自主学习行动计划。举办“中国特色社会主义理论热点问题大讲堂”“国情时政大讲堂”“千万师生学习新思想同上一堂课”“校领导上思政课”等，引导广大研究生认真学习习近平新时代中国特色社会主义思想和中共十九大和十九届二中、三中、四中全会精神，强化党的创新理论武装。

2. 以整体联动为抓手，强化思政育人

实施思想政治工作质量提升攻坚行动，推动“三全育人”综合改革，完善“大思政”工作格局。制定研究生导师立德树人实施意见，明确研究生导师负责制、

研究生思想政治教育首要责任人职责范围。按照专兼结合、以专为主的原则配备研究生辅导员，加强研究生班主任和思政助理队伍建设，建立导师、辅导员、班主任协同育人机制。加强“走进研究生生活、走进研究生学习、走进研究生心灵”行动内涵建设，探索“日常教育 + 主题教育”“线下教育 + 网络思政”新模式，将思政教育融入研究生培养全过程。面向全体研究生开展“榜样的力量”“出彩毕业生”“学在兰大”等先进典型宣传活动，面向新生开展“走好研途第一步”系列主题教育活动，面向毕业生开展主题纪念活动。开展“不忘初心跟党走，牢记使命勇担当”主题教育活动、“文明宿舍”评比活动，通过线上线下全面覆盖，实现上下联动、点面结合的网格化宣传教育矩阵。

3. 以价值引领为支点，坚持文化育人

加强入学教育，融入校史校情、学术道德规范、时事政治等内容，引导研究生严于自律、奋发成才。注重仪式教育，以毕业典礼和学位授予仪式为载体，激发学生爱校荣校、报国成才情怀。推动研究生实践基地建设，提升研究生综合素质和创新实践能力。开展“十佳导学团队”推选展示活动，营造教学相长、师生相宜、团队共建的导学文化氛围。开展“最美学位论文”致谢评选活动、“卓越研究生群像”展示活动，传承优良校风学风。举办“百年兰大 · 名家讲坛”，邀请国内外知名专家学者开展讲座、报告累计 200 余场。搭建“兰大研究生微沙龙”学术交流平台，通过线上牵线搭桥、线下深入交流模式和“服务小众、学科交叉、交流交融”的原则，调动研究生参与学术交流积极性。自 2016 年以来，已举办“微沙龙”活动 500 余场，研究生参与 2 万余人次。

4. 以培养目标为指引，夯实政策保障

建立学校学位评定委员会领导、各学位评定分委员会指导和协调、各学位授权学科负责人具体负责的研究生教育管理新体制机制。成立专业学位教育指导委员会和各专业学位教育指导分委员会，加快发展专业学位研究生教育。改革招生考试方式，健全导师选聘、培训和管理制度，完善教学及课程质量保障和学位论文质量监控体系。健全研究生培养方案和培养管理、专业实践管理制度，加强研究生教学改革和过程管理，建设优质示范性研究生课程，强化教学督导听课与指导制度，从严从实加强研究生培养教育。调整优化研究生奖助政策体系，规范完善研究生奖助、评优工作机制。设立专项资金，支持优秀研究生参加高质量的国际学术交流活动与各类研究生创新实践竞赛。组织开展寒暑假家访，对经济困难、心理健康状况欠佳、学业困难等研究生，深入了解成长需求，及时帮扶、指导，解决思想和现实问题。

三、2019年度研究生教育质量人物——人民教育家卫兴华教授

2019 年 9 月 17 日，中国人民大学荣誉一级教授、中国马克思主义经济学家卫兴华获得“人民教育家”国家荣誉称号，并于 9 月 25 日获得“最美奋斗者”荣誉称号。卫兴华教授是我国著名经济学家和经济学教育家，长期从事《资本论》研究，为马克思主义政治经济学中国化做出重要贡献，主编的《政治经济学原理》教材是全国影响力和发行量最大的教材。他提出的商品经济论、生产力多要素论等在经济学界影响广泛。他一生致力于将马克思主义政治经济学中国化，为推动社会进步和变革做出了卓越的贡献。①

（一）人物简介

卫兴华，男，汉族，中共党员，教授，山西省五台县人，中国人民大学经济学系原主任，中国著名马克思主义经济学家，中央马克思主义理论研究与建设工程首席专家，第三届国务院学位委员会经济学学科评议组成员，全国综合性大学《资本论》研究会原会长，中国人民大学荣誉一级教授。卫兴华教授在 1946 年于山西省太原市进山中学加入中国共产党，投身地下革命工作，被捕后严守党的机密。1948 年由组织安排转赴北平，后在解放区的华北大学学习。1950 年，中国人民大学成立后，转读于中国人民大学经济系，后进入中国人民大学政治经济学教研室就读研究生。1952 年，以全优成绩毕业留校任教。卫兴华教授在中国人民大学辛勤从事教学科研工作整整 68 个春秋。即使“文化大革命”期间受到政治运动的冲击，他仍始终达观忘我，潜心置身于马克思主义政治经济学基础理论研究，时刻关注着国家的前途与命运。改革开放后，积极投身伟大事业，依靠坚实深厚的马克思主义经济学功底，致力于中国特色社会主义经济理论与实践探

① 唐景莉，韩晓萌，颜梅.用学识和人格魅力滋养学生——记“人民教育家”国家荣誉称号获得者卫兴华［EB/OL］.（2019-10-08）［2020-02-26］.http://www.moe.gov.cn/s78/A10/moe_601/201910/ t20191008_402113.html.

索。历任《经济理论与经济管理》副总编辑、中国人民大学经济学系主任、校学术委员会副主任、校学位委员会理论经济学分会主席、《中国人民大学学报》总编辑等职（图 3-4）。[①]

图3-4　卫兴华

（二）学术成就

卫兴华教授长期坚持在教学科研第一线，六十年如一日，硕果累累

卫兴华教授长期坚持在教学科研第一线，六十年如一日，辛勤工作，持之以恒，硕果累累。著有《卫兴华经济学文集》（三卷）、《政治经济学研究》（二卷）、《我国新经济体制的构造》《市场功能与政府功能组合论》《卫兴华经济文选》《理论是非辨析》等著作（含主编、合著）共 40 余部，卫兴华主编的《政治经济学原理》教材是全国影响力、发行量最大的教材。在《中国社会科学》《经济研究》《人民日报》理论版、《光明日报》理论版等国家权威报刊上发表论文、文章 800 余篇，许多论文被《新华文摘》《复印报刊资料》《马克思主义文摘》等转载。卫兴华教授荣获世界政治经济学学会杰出成果奖，第四届中国出版政府奖图书奖一等奖，国家级教学成果奖一等奖，国家教委优秀教材奖一等奖，教育部第一、

① 卫兴华同志生平［J］. 政治经济学评论 ,2020,11（1）:3-6.

第二、第三届人文社会科学优秀成果奖二、三等奖，北京市哲学社会科学优秀成果奖一、二等奖，1998年宝钢教育奖优秀教师特等奖、中央纪念党的十一届三中全会十周年论文奖，以及孙冶方经济科学奖第一、第二届论文奖等20余项重要奖励。卫兴华教授是我国杰出的马克思主义经济学家，被境外誉为中国《资本论》研究权威，在经济理论和经济改革研究方面成果卓著，在我国经济学界具有举足轻重的理论地位和巨大的学术影响力，享受国务院政府特殊津贴。[①] 在学术研究领域，卫兴华教授始终坚持真理。《中国社会科学》杂志刊发的一篇评价卫兴华教授学术观点的文章中这样介绍，“始终坚持理论研究的科学性和严肃性，即使在‘左’的理论和政策盛行的情况下，也不随‘风’转”，“坚持实事求是的科学态度和严谨的治学学风”，“从不人云亦云，而是执着地追求真理”。[②]

（三）研究生培养经验

“教师”，正是卫兴华教授最珍视的身份

“教师”，正是卫兴华教授最珍视的身份。卫兴华当老师和别人不同，他不喜欢简单地传授知识。他要培养的是“独立思考的能力”。他的学生，同样是经济学家的洪银兴教授，还记得卫兴华的第一课就是反复讲学风和治学态度。“不唯上、不唯书，不唯风、不唯众，只唯实，敢于和善于独立思考、探索真理。他叮嘱我们不能做‘风派理论家’。”洪银兴说。在研究生培养上，卫兴华教授不要求学生的理论观点与其一致，主张教学相长，鼓励大家提出不同意见。他认为争论是有必要的。经济学的发展、理论的发展是不怕交锋的。有时候真理就是在交锋中迸发出火花的。理论应是真理的喉舌，要为劳动人民、为弱势群体的利益讲话，把做人与做学问统一起来。可以说，求真务实，贯穿了卫兴华教授追求学问的始终。

---

① 中国人民大学.教师风采[EB/OL].(2012-09-12)[2020-02-26].https://www.ruc.edu.cn/archives/18454.

② 洪银兴.在创新中严守马克思主义科学阵地——“人民教育家”卫兴华教授学术成就简述[EB/OL].(2019-11-26)[2020-02-26].https://dangjian.gmw.cn/2019-11/26/content_33351326.htm.

人总要朴素一点，学风也要朴素一点，不能夸夸其谈

作为教师，他对自己的学生确有希冀和要求。洪银兴一报到，卫兴华就表示，希望他不仅拿到博士学位，还要成为有作为的经济学家。他在一篇文章中谈到自己对青年学生的希冀。“人总要朴素一点，学风也要朴素一点，不能夸夸其谈……学生应该有正确的人生观、价值观，应该在行动上更多地考虑弱势群体的利益，更多地考虑国家的利益、人民的利益，为他们做一些工作，为他们服务。我们在行动时应该时时有这样一个信念：怎么把我们国家的经济工作搞得更好，怎么使我们的民族更加强盛……我们应该成为人民的经济学家，应该成为人民拥护的经济学家，替老百姓、替人民说话的经济学家”。① 在多年教学中，卫兴华教授始终坚持教书和育人相结合。他认为，对马克思主义经济学的教学和阐释，要结合国内外的经济社会实际，让学生真正认识到马克思主义经济学的科学性，且具备与时俱进的品格。

卫兴华教授执教 60 余年，为国家培养了大批高端经济学人才。即便耄耋之年，依然坚持指导博士研究生、博士后、访问学者。他带博士研究生先后 50 多人（已获博士学位者），其中不少人成为教授、博士研究生导师，有的在政府部门任要职，有的成为大学校长、著名经济学家，如著名经济学家洪银兴、魏杰、黄桂田、张宇，著名金融证券专家马庆泉、王国刚，世界贸易组织专家桑百川等。还有许多知名学者和高级干部也是他的学生，真可谓桃李遍天下。② 卫兴华寄语年轻人，“理论要掌握群众，首先就要掌握高等院校的青年学生”。“只有他们真学真信、踊跃投身，才能为发展当代中国马克思主义注入新鲜血液和生机活力，才能让创新理论为社会主义建设事业服务”。③

---

① 姚晓丹 . 卫兴华：真理在交锋中迸出火花［EB/OL］.（2019-09-29）［2020-02-26］.http://news.gmw.cn/2019-09/29/content_33196275.htm.

② 张燕 . 卫兴华：学以经世，学以育人［J］. 支部建设 ,2019（31）:10-12.

③ 王俊 .“人民教育家”卫兴华去世，曾言最怕听到“泰斗”叫法［EB/OL］.（2019-12-06）［2020-02-26］. http:/www.bjnews.com.cn/news/2019/12/06/658566.html.

第四章　研究生满意度调查

研究生是研究生教育的主要参与主体，研究生满意度是反映、监测和评估研究生教育质量的一个重要维度与指标。开展研究生满意度调查、分析和研究，对提高研究生教育质量，推动研究生教育内涵式发展具有重要意义。自2012年起，学位与研究生教育杂志社、北京理工大学研究生教育研究中心连续组织开展年度全国研究生满意度调查研究，并且不断改进调查设计，扩大调查样本，丰富调查方法，提高研究生满意度调查研究的客观性和科学性。连续几年的研究生满意度调查取得了重要发现和成果，受到了教育主管部门、研究生培养单位和社会各界的重视，发挥了咨询作用。2020年的调查研究情况如下。

一、调查目的与方法

（一）调查目的

本调查的主要目的有三个：一是了解研究生对研究生教育总体上的满意度及其年度变化情况，对我国研究生教育的整体质量作出评价；二是获得研究生对研究生教育各环节、各方面的评价，发现研究生教育中存在的问题；三是探究不同群体研究生对研究生教育的评价的差别并揭示其意义。

（二）调查方法

2020年研究生满意度调查问卷包含40道封闭式选择题。除基本信息及个别具体问题，各问卷调查问题采用李克特五级量表，将研究生的满意度评价分为“非常满意、比较满意、一般、不太满意、非常不满意”五个级别。

经测算，问卷内部一致性信度良好；结构方程模型显示，模型的拟合度各项指标良好，这表明该问卷具有较好的结构效度。

此次满意度调查向参与满意度调查的研究生培养单位发放电子版调查问卷。

问卷分定制版和通用版两种形式，定制版为每个培养单位生成唯一的二维码，通用版则向所有研究生培养单位开放。电子版问卷通过邮件、微信、QQ 等方式进行发放和填写。

二、调查样本的基本情况

本次满意度调查共回收问卷110256份，有效问卷109253份

此次满意度调查对象来自 112 个研究生培养单位。其中，一流大学建设高校 32 所，一流学科建设高校 32 所，其他高校 48 所。本次调查采用电子问卷的调查形式，共回收问卷 110256 份，有效问卷 109253 份，问卷有效率 99.1%。其中，一流大学建设高校问卷 49188 份，占 45.0%；一流学科建设高校 34169 份，占 31.3%；其他高校 25896 份，占 23.7%（图 4-1）。

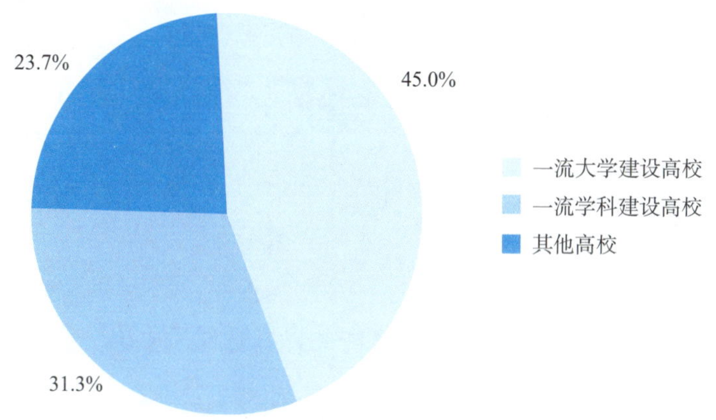

图4-1 不同类型培养单位调查样本分布

调查对象按性别分，男生 47416 人，占 43.4%，女生 61837 人，占 56.6%。按培养层次分，硕士研究生 95087 人，占 87.0%，博士研究生 14166 人，占 13.0%；硕士研究生中，一年级 40259 人，二年级 31784 人，三年级及以上 23044 人；博士研究生中，一年级 4843 人，二年级 3424 人，三年级 2768 人，四年级及以上 3131 人。按学习方式分，全日制研究生 99862 人，非全日制 9391 人。按培养类型分，学术学位研究生 62843 人，占 57.5%；专业学位研究生

46410人，占42.5%。学术学位研究生按学科分类的情况详见表4-1。

表4-1 学术学位研究生按学科分类的情况

学科门类	人数	比例/%
工　学	21619	34.40
理　学	13109	20.86
管理学	4578	7.28
法　学	4259	6.78
医　学	3883	6.18
教育学	3112	4.95
文　学	3941	6.27
经济学	1625	2.59
农　学	2545	4.05
历史学	1478	2.35
艺术学	1526	2.43
哲　学	1097	1.75
军事学	71	0.11
合　计	62843	100.00

本次调查有效样本数量**增加了26795份**

与2019年的满意度调查相比，本次调查有效样本数量增加了26795份，调查对象来自全国112个培养单位，参与调查的年级分布结构更加优化，这进一步保证了本次调查的代表性与科学性；本次满意度调查的数据呈现继续保持了均值、中位数、标准差3个统计量，以便各参与调查的研究生培养单位能够更好地分析运用本校的调查数据。

三、满意度调查结果

（一）研究生总体满意度

2019 年研究生对研究生教育的总体满意率为 82.7%（表 4-2）。

表4-2　2019年研究生总体满意度

选项	比例/%	满意率/%	均值	中位数	标准差
非常满意	34.8	82.7	4.14	4	0.79
比较满意	47.9				
一般	14.3				
不太满意	2.4				
非常不满意	0.6				

1. 不同性别群体相比，男生对研究生教育的总体满意率为 83.1%，女生对研究生教育的总体满意率为 82.3%（图 4-2）。

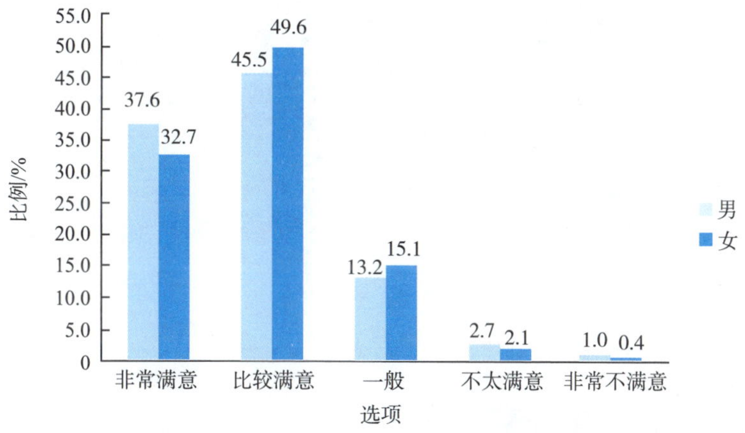

图4-2　不同性别群体研究生总体满意度

一流学科建设高校研究生对研究生教育满意率达到了84.2%

2. 在各类培养单位中，一流学科建设高校研究生对研究生教育的满意度最高，满意率达到了 84.2%；其次是一流大学建设高校满意度（82.5%）；其他高校最低，满意率为 81.0%。

3. 在各学科门类学术学位研究生中，军事学研究生的总体满意度最高，满意率达到 94.4%。除军事学，其他学科门类中研究生总体满意率由高到低分别为历史学（86.7%）、艺术学（86.2%）、哲学（85.9%）、法学（85.5%）、农学（83.7%）、文学（83.6%）、理学（82.2%）、工学（82.0%）、医学（80.9%）、管理学（79.4%）、经济学（79.1%）、教育学（78.3%）（图 4-3）。

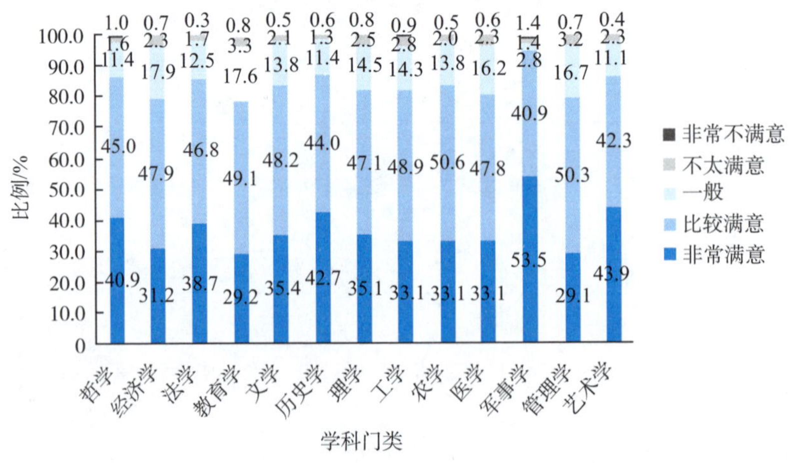

图4–3　各学科门类研究生总体满意度

4. 博士生的总体满意度高于硕士生。博士生的总体满意率为 84.7%，硕士研究生的总体满意率为 82.3%（图 4-4）。

博士生的总体满意度**高于**硕士生

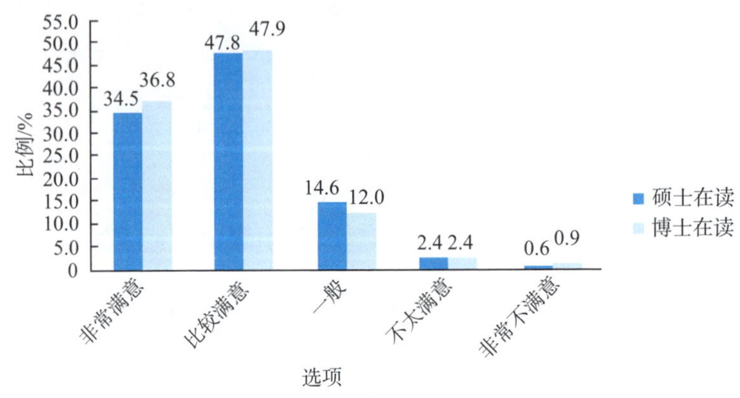

图4–4　不同层次研究生总体满意度比较

5. 非全日制研究生的总体满意度高于全日制研究生。非全日制研究生的总体满意率达到 86.4%，全日制研究生总体满意率为 82.3%（图 4-5）。

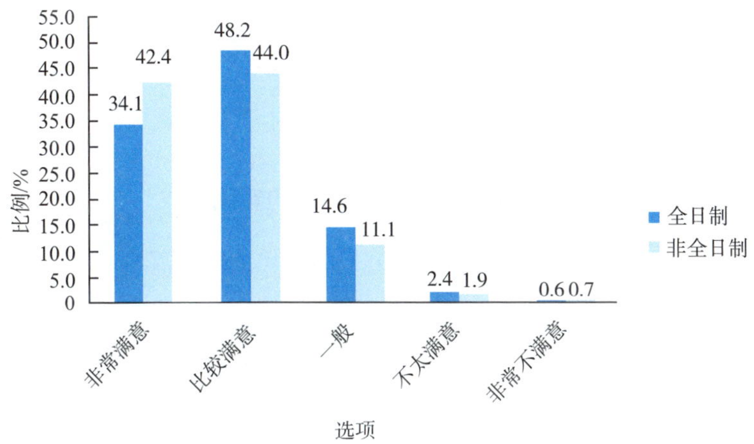

图4-5　不同学习方式研究生总体满意度比较

6. 不同年级研究生相比，博士一年级研究生对研究生教育总体满意度最高，满意率为 89.7%，其次为硕士一年级研究生（85.3%）、博士二年级研究生（84.5%）、硕士三年级研究生（81.9%）、博士三年级研究生（81.2%）、博士四年级研究生及以上（80.5%），硕士二年级研究生对研究生教育的总体满意度最低，满意度仅为 79.1%（图 4-6）。

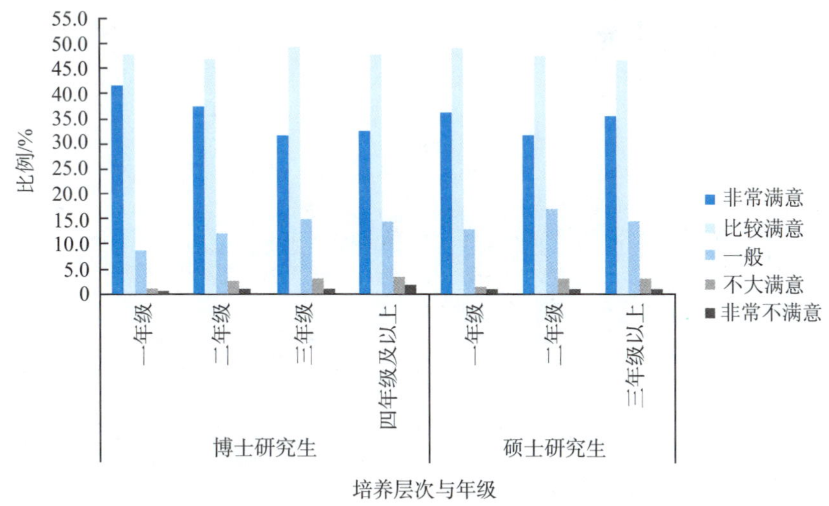

图4-6　不同年级研究生总体满意度比较

（二）课程教学满意度

研究生对课程教学的满意率为80.4%

研究生对课程教学的满意率为 80.4%，比总体满意度低 2.3 百分点(表 4-3)。

表4–3　研究生对课程教学的满意度

选项	比例/%	满意率/%	均值	中位数	标准差
非常满意	34.4	80.4	4.10	4	0.82
比较满意	46.0				
一般	16.1				
不太满意	2.8				
非常不满意	0.7				

1. 在各类培养单位中，一流学科建设高校研究生对课程教学的满意度最高，满意率达到了 82.0%；一流大学建设高校满意度为 80.1%，其他高校研究生满意度为 78.7%（图 4-7）。

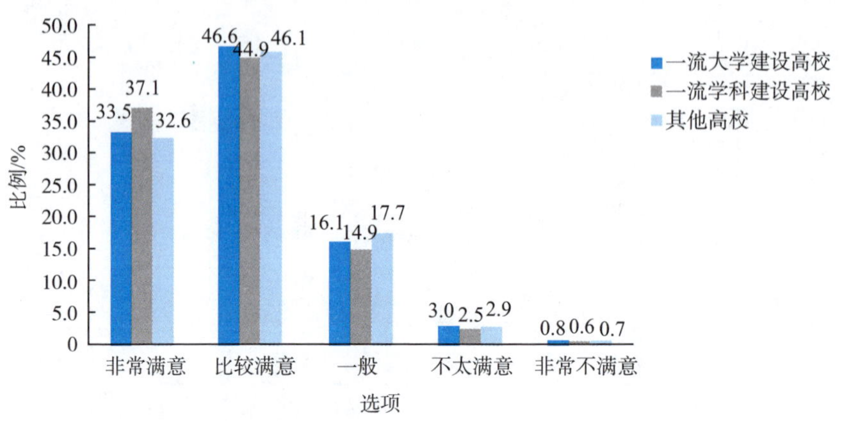

图4–7　不同培养单位研究生对课程教学的满意度比较

2. 学术学位研究生对课程体系合理性的评价较低，满意率只有 76.5%，低于对课程教学的总体评价（表 4-4）。

学术学位研究生对课程体系合理性满意率只有76.5%

表4-4　研究生对课程体系合理性的评价

选项	比例/%	满意率/%	均值	中位数	标准差
非常满意	34.5	76.5	4.05	4	0.88
比较满意	42.0				
一般	19.0				
不太满意	3.3				
非常不满意	1.2				

3. 学术学位研究生对课程前沿性的评价也低于对课程教学的总体评价，满意率为 76.6%（表 4-5）。

学术学位研究生对课程前沿性满意率为76.6%

表4-5　研究生对课程前沿性的评价

选项	比例/%	满意率/%	均值	中位数	标准差
非常满意	36.1	76.6	4.07	4	0.88
比较满意	40.5				
一般	18.9				
不太满意	3.3				
非常不满意	1.2				

4. 学术学位研究生对教师教学水平、教师授课责任心的评价较高，对教师课业反馈（含课内外答疑、作业批阅意见等）的评价相对较低，有 85.3% 的研究生对教师的教学水平表示满意，有 86.7% 的研究生对教师授课责任心表示满意，83.1% 的研究生对教师课业反馈表示满意。三者均高于研究生对课程教学的总体满意度（表 4-6）。

表4-6　研究生对教学水平、教师责任心和教师课业反馈的评价

类别	非常满意/%	比较满意/%	一般/%	不太满意/%	非常不满意/%	满意率/%	均值	中位数	标准差
教学水平	45.0	40.3	11.9	1.9	0.9	85.3	4.27	4	0.81
教师责任心	47.9	38.8	10.7	1.7	0.9	79.4	4.31	4	0.80
教师课业反馈	42.9	40.2	13.9	2.0	1.0	83.1	4.22	4	0.83

5. 对课程教学的效果，学术学位研究生对夯实专业知识、了解学科前沿满意度较高，选择“很大”和“较大”的比例为 85.7% 与 82.5%；学术学位研究生对学习科研方法的满意度为 82.0%；但对提升思想道德、丰富人文素养两方面的满意度较低，分别为 73.0%、73.4%（表 4-7）。

表4–7 研究生对课程教学作用的评价

项目	很大/%	较大/%	一般/%	较小/%	很小/%	满意率/%	均值	中位数	标准差
提升思想道德	36.3	36.7	22.3	3.1	1.6	73.0	4.03	4	0.92
丰富人文素养	38.3	35.1	21.1	3.7	1.8	73.4	4.04	4	0.95
夯实专业知识	47.7	38.0	11.9	1.7	0.7	85.7	4.30	4	0.80
了解学科前沿	45.1	37.4	14.5	2.1	0.8	82.5	4.24	4	0.84
学习科研方法	45.1	36.9	14.7	2.3	1.0	82.0	4.23	4	0.85

（三）科研训练满意度

研究生对科研训练的满意率为83.6%

参与过科研项目的研究生对科研训练的满意率为 83.6%，比总体满意度高 0.9 百分点（表 4-8）。

表4–8 研究生对科研训练的满意度

选项	比例/%	满意率/%	均值	中位数	标准差
非常满意	35.2	83.6	4.16	4	0.76
比较满意	48.4				
一般	14.1				
不太满意	1.7				
非常不满意	0.5				

1. 在各类培养单位中，一流大学建设高校的研究生没有参加过科研项目（课题）的比例最低为 36.8%，其次是一流学科建设高校（45.0%），其他高校研究生比例最高（52.2%）。参与过科研项目（课题）的一流大学建设高校研究生对科研训练的满意度最高，为 52.5%；一流学科建设高校研究生对科研训练的满意率排其次，为46.5%；其他高校研究生对科研训练的满意率最低，为40.0%（图4-8）。

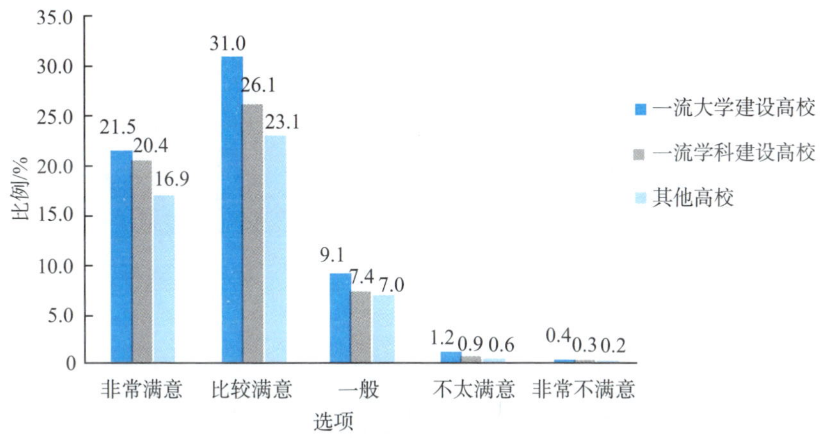

图4-8　不同类型培养单位研究生对科研训练的满意度比较

2. 就培养层次而言，博士研究生对科研训练的满意度高于硕士生。博士研究生对科研训练的满意率为 86.8%，硕士研究生对科研训练的满意率为 82.8%（图4-9）。

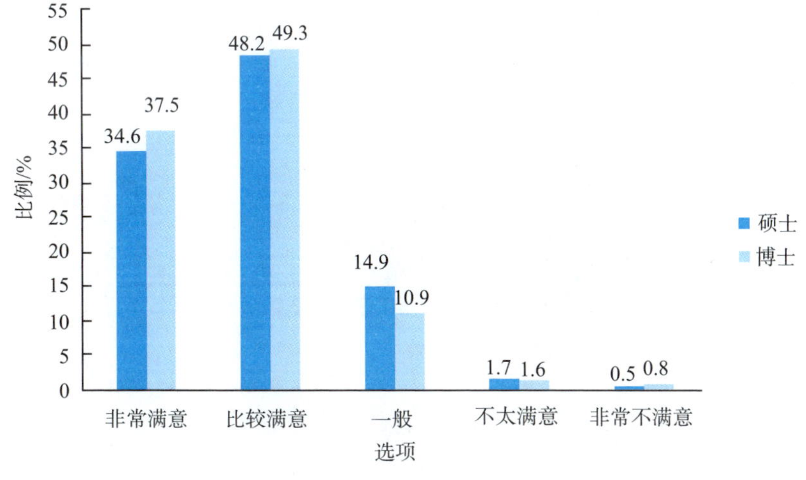

图4-9　不同层次研究生对科研训练的满意度比较

3. 攻读当前学位期间，参加过科研项目（课题）的比例较低，其中表示参加过科研项目（课题）的为 57.0%，没有参加过的占 43.0%。参加 1 项科研项目（课题）的占总人数的 30.4%，2 项的占总人数的 16.6%，3 项的占总人数的 5.5%，4 项及以上的占总人数的 4.5%（图 4-10）。

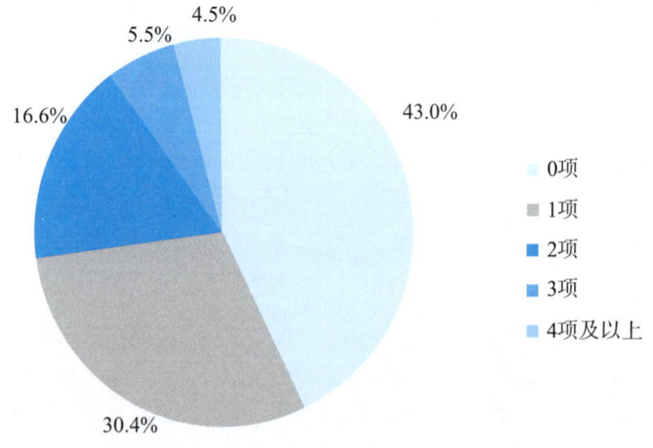

图4-10　研究生参与科研项目（课题）情况

4. 学术学位研究生中，70.6% 的研究生参加过学术会议。其中，参加 1 次学术会议的占 19.0%，参加 2 次学术会议的占 15.3%，参加 3 次学术会议的占 10.9%，参加 4 次学术会议的占 4.7%，参加 5 次学术会议的占 3.1%，参加 6 次及以上学术会议的占 17.6%，表示具有 0 次学术会议经历的占 29.4%（图 4-11）。

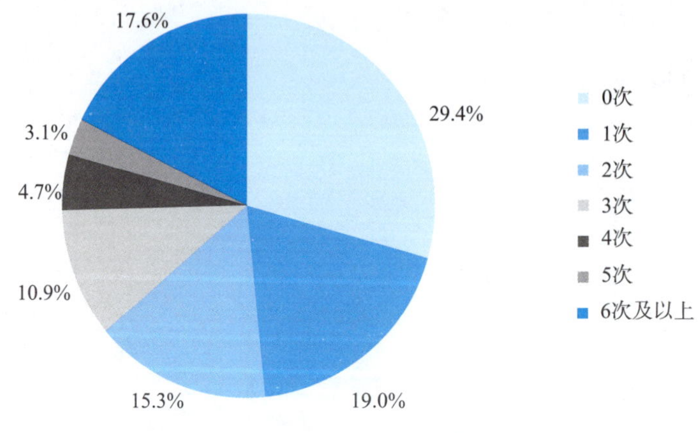

图4-11　研究生参加学术会议数量情况

5. 关于科研训练的效果，学术学位研究生更认可科研训练对研究计划执行能力、自身研究设计能力的提升，在这两方面选择“很大”和“较大”的比例分别为 89.3% 与 85.6%，研究生对科研训练在提升写作能力与创新能力方面的作用评价相对较低，在这两方面选择“很大”和“较大”的比例为 82.5% 与 80.2%（图 4-12）。

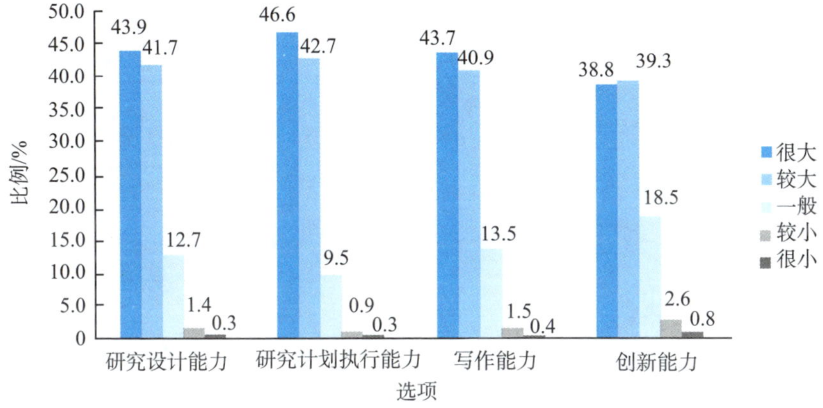

图4-12　学术学位研究生对科研训练作用的评价

（四）指导教师满意度

研究生对校内指导教师的满意率为90.2%

研究生对校内指导教师的满意率为 90.2%（表 4-10）。对指导教师的满意度不仅远高于总体满意度，也高于课程教学、科研训练、管理与服务等维度的总体满意度。

表4-10　研究生对指导教师的满意度

选项	比例/%	满意率/%	均值	中位数	标准差
非常满意	59.4				
比较满意	30.8				
一般	7.5	90.2	4.47	5	0.76
不太满意	1.5				
非常不满意	0.8				

1. 学术学位研究生对导师政治素质、师德师风和学术水平的评价相对较高（满意率分别为 92.4%、92.7%、90.7%）；对导师的指导能力也较为认可，满意度达到 88.3%；对导师指导频率的评价相对较低，满意率为 83.7%（表 4-11）。

表4-11　研究生对指导教师各题项满意度评价

项目	非常满意/%	比较满意/%	一般/%	不太满意/%	非常不满意/%	满意率/%	均值	中位数	标准差
政治素质	63.2	29.2	6.4	0.7	0.5	92.4	4.54	5	0.69
师德师风	66.7	26.0	5.5	1.0	0.7	92.7	4.57	5	0.71
指导能力	60.7	27.6	8.9	1.9	0.9	88.3	4.45	5	0.81
指导频率	54.1	29.6	12.5	2.7	1.1	83.7	4.33	5	0.88
学术水平	63.0	27.7	7.2	1.3	0.8	90.7	4.51	5	0.75

2. 关于导师对研究生各方面素质的影响，学术学位研究生的评价普遍较高。其中，在遵守学术规范和端正治学态度方面，研究生的评价更高一些，表示导师对自己遵守学术规范、端正治学态度影响“很大”“较大”的比例为 92.5%、91.1%。研究生表示导师对提升科研能力影响、培养理想信念影响“很大”“较大”的比例分别为 87.1%、85.7%；表示导师对激发自身学术兴趣、明确职业规划的影响“很大”“较大”的比例相对低一些，分别为 84.5%、81.5%（图 4-13）。

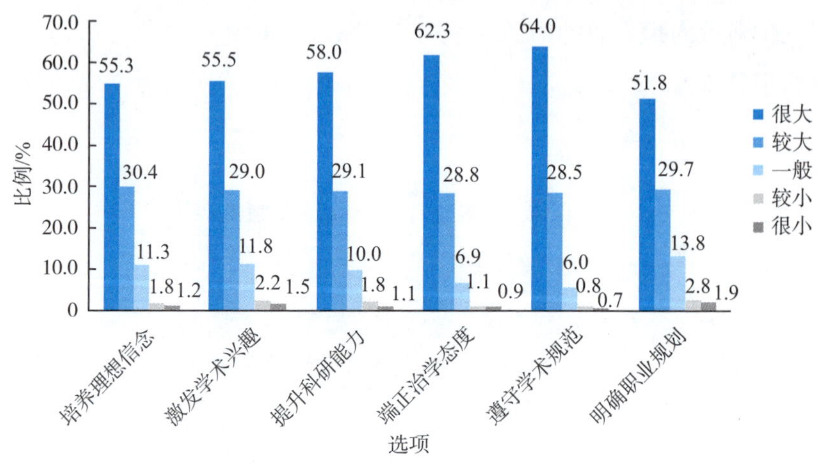

图4-13　学术学位研究生对导师影响的评价

（五）管理与服务满意度

对学校研究生院（处、部）管理与服务的满意率仅为78.1%

研究生对学校研究生院（处、部）管理与服务的满意率仅为 78.1%，比总体满意度低 4.6 百分点（表 4-12）。

表4-12　研究生对学校研究生院（处、部）管理与服务的满意度

选项	比例（%）	满意率（%）	均值	中位数	标准差
非常满意	38.2	78.1	4.16	4	0.86
比较满意	39.9				
一般	17.9				
不太满意	2.1				
非常不满意	0.8				
没接触	1.2				

在培养单位管理与服务各子项中，研究生对图书馆的满意度相对较高（满意率为 82.2%），对奖学金制度、“三助”岗位、心理健康咨询、就业指导与服务方面的满意度超过了 70%；研究生对食堂、住宿满意度较低，由高到低满意度分别为 69.0%、64.9%，其中对住宿满意度最低（表 4-13）。

表4-13　研究生对管理与服务各维度满意度评价

项目	非常满意/%	比较满意/%	一般/%	不太满意/%	非常不满意/%	未提供/%
奖学金制度	38.4	36.8	17.3	4.4	1.7	1.4
“三助”岗位	39.0	35.7	20.0	2.9	0.9	1.5
图书馆	45.9	36.3	13.7	2.8	1.1	0.2
食堂	35.1	33.9	20.0	7.1	3.5	0.4
住宿	32.0	32.9	20.5	8.2	4.4	2.0
心理健康咨询	36.0	35.1	23.4	3.1	1.1	1.3
就业指导与服务	35.0	35.4	23.4	3.8	1.2	1.1

（六）专业学位研究生满意度

专业学位研究生对研究生教育的总体满意度高于学术学位研究生

1. 专业学位研究生对研究生教育的总体满意度高于学术学位研究生。调查对象中，专业学位研究生人数为46410，占总体的42.5%。专业学位研究生对研究生教育的总体满意率为83.2%，高于学术学位研究生的总体满意率（82.3%）。专业学位研究生对课程教学、指导教师、管理与服务方面的满意度高于学术学位研究生，但专业学位研究生对科研训练的满意度低于学术学位研究生（图4-14）。

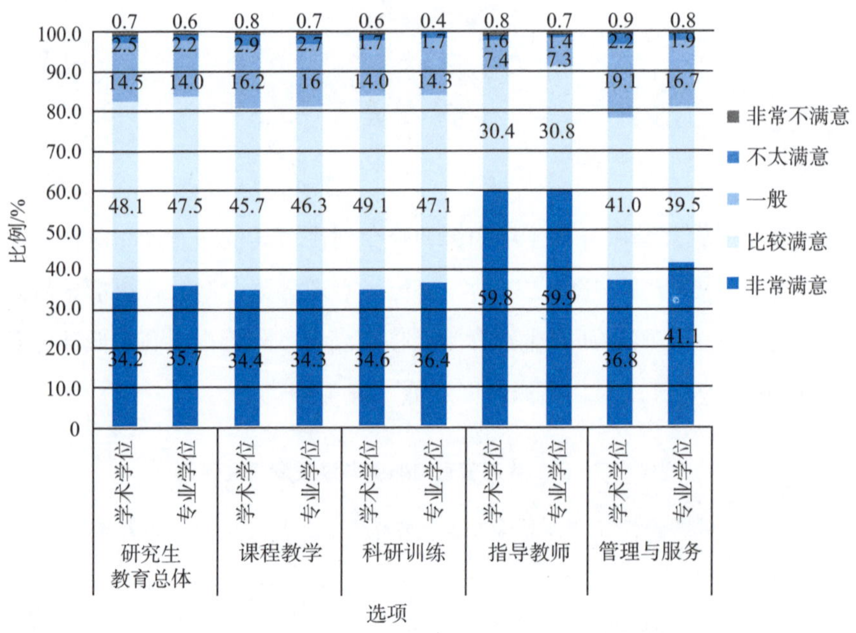

图4-14　专业学位与学术学位研究生各项满意度比较

2. 在各培养单位中，一流学科建设高校的专业学位研究生对研究生教育的总体满意度最高，满意率达到了85.6%；其次是一流大学建设高校（83.2%）；其他高校的专业学位研究生对研究生教育的总体满意度最低，满意率为80.7%（图4-15）。

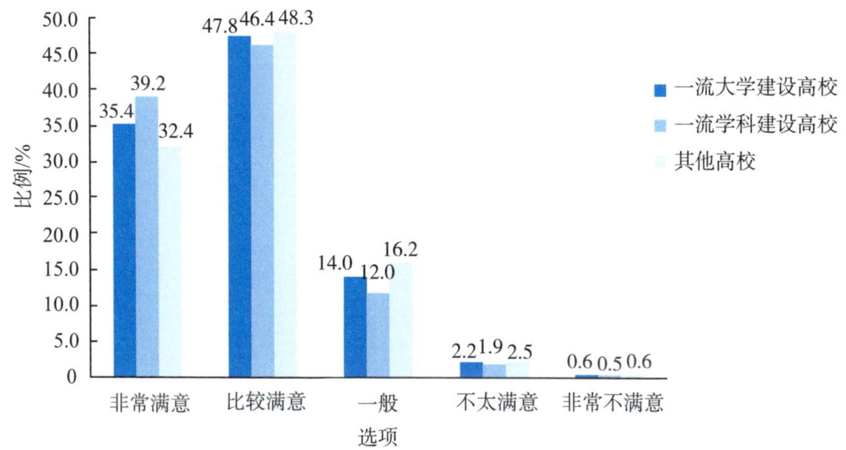

图4-15 不同类型培养单位专业学位研究生总体满意度比较

拥有校外导师的专业学位研究生比例仍然偏低

3. 拥有校外导师的专业学位研究生比例仍然偏低。仅有 22.9% 的专业学位研究生拥有校外导师。专业学位博士生拥有校外导师的比例（15.5%）低于专业学位硕士生（23.1%）。专业学位研究生拥有校外导师的比例各年级存在差异，三年级硕士研究生中拥有校外导师的比例最高，为 37.5%；三年级博士研究生拥有校外导师的比例低，为 13.8%（表 4-14）。在拥有校外导师的专业学位研究生中，有 85.4 % 的研究生对校外导师表示满意（图 4-16）。

表4-14 专业学位研究生拥有校外导师情况

层次	年级	有校外导师的比例/%
硕士	一年级	11.1
	二年级	30.3
	三年级	37.5
博士	一年级	13.8
	二年级	18.0
	三年级	13.3
	四年级及以上	21.9

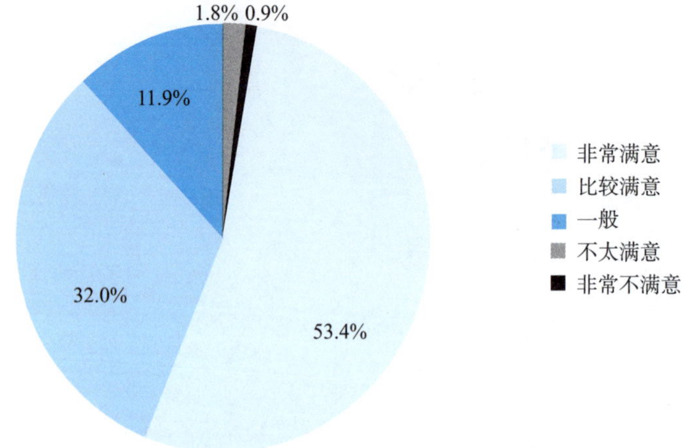

图4-16 专业学位研究生对校外导师的满意度

4. 56.4% 的专业学位研究生进入实践基地参加专业实践。专业学位博士研究生进入实践基地的比例（65.9%）高于专业学位硕士研究生（56.2%）。专业学位研究生进入专业实践基地的比例各年级存在差异，硕士一年级进入专业实践基地的比例最低，为 32.5%；硕士三年级进入实践基地的进入专业实践基地的比例最高，为 85.1%（表 4-15）。在进入实践基地的专业学位研究生中，有 85.0% 对自己在专业实践基地的实践表示满意（图 4-17）。

有85.0%对自己在专业实践基地的实践表示满意

表4-15 专业学位研究生进入专业实践基地情况

层次	年级	进入实践基地的比例/%
硕士	一年级	32.5
	二年级	70.2
	三年级	85.1
博士	一年级	58.1
	二年级	73.9
	三年级	80.0
	四年级及以上	77.1

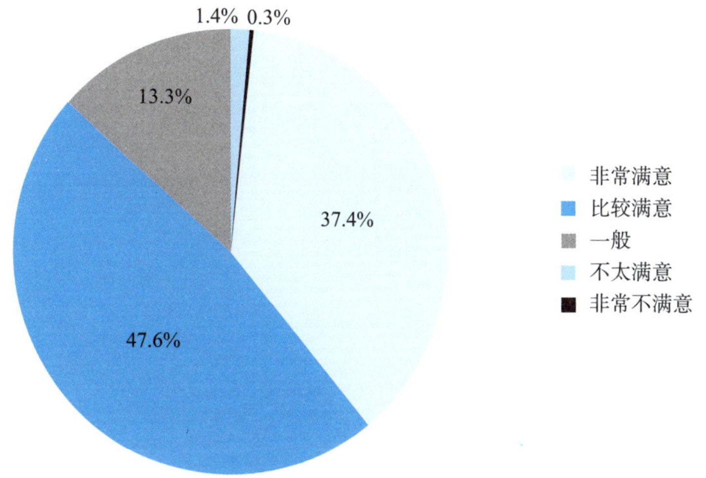

图 4-17　专业学位研究生对实践基地的满意度

四、结论与分析

2020 年，研究生满意度调查优化了调查方式，扩大了调查范围，调查样本量有了较大增加。调查结果显示：不同类型培养单位研究生的满意度差距缩小、专业学位研究生的满意度高于学术学位研究生、研究生对部分方面的满意度较低。

（一）研究生总体满意度达到9年的最高

全国研究生满意度调查已经开展了 9 年，2012 年度研究生满意度调查有 35 个研究生培养单位参与，有效样本 7293 份。到了 2020 年，参与的研究生培养单位达到了 112 个，有效样本数量增长到 109253 份，样本数量增长了近 14 倍。值得庆幸的是，研究生总体满意度，整体上呈上升趋势，从 2012 年的 63.1% 上升到 2020 年的 82.7%。2020 年的有效样本数量为 9 年来最多，研究生总体满意度达到 9 年的最高（图 4-18）。尤其是 2020 年，研究生总体满意度有了很大幅度的提升，比 2019 年高 9 百分点。

2020年研究生总体满意度达到9年的最高

近年来，我国着力推进“双一流”建设，研究生培养单位的设施条件、师资水平、科研支持都得到了提高，这在很大程度上促进了研究生满意度的提升。另一方面，研究生满意度的大幅度提升，也一定程度上说明了“双一流”建设取得了成效。

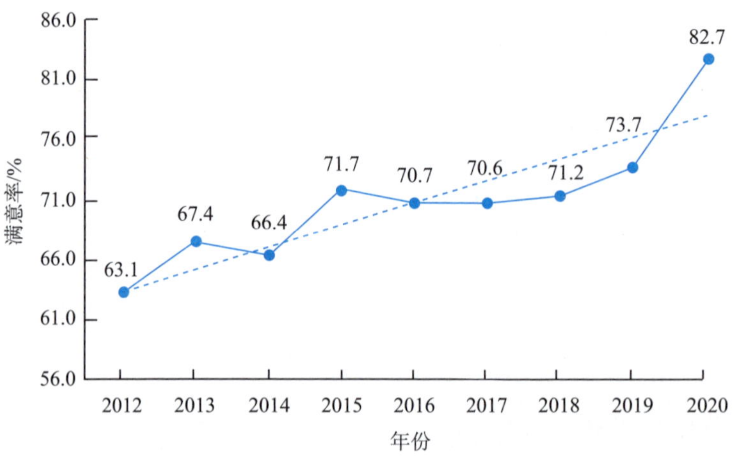

图4-18　2012—2020年研究生总体满意度变化趋势

（二）不同研究生群体对研究生教育的满意度呈现均衡化趋势

2012—2020 年，不同的研究生群体对研究生教育的总体满意度的差别呈缩小趋势。从性别角度看，男生与女生之间总体满意率的差距从 2012 年的 4.6 百分点，缩小到 2014 年的 0.9 百分点，2015 年、2016 年、2017 年、2018 年、2019 年男生和女生满意度基本持平，2020 年男生与女生之间总体满意率的差距为 0.8 百分点。从学位层次来看，2012 年博士研究生的满意率比硕士研究生高出近 10 百分点，但 2020 年这一差距只有 2.4 百分点。不同类型高校研究生满意度之间的差距出现了明显的缩小趋势。2012 年，表现最差的其他高校（以地方高校为主）研究生的总体满意率比表现最好的科研院所研究生的总体满意率低 15 百分点左右；2020 年，总体满意度最低的仍是其他高校，但它与满意度最高的一流学科建设高校在总体满意率上的差距缩小到了 3.2 百分点。值得注意的是，2020 年一流学科建设高校的总体满意度再次超越一流大学建设高校，满意率达到了 84.2%。

（三）专业学位研究生满意率连续7年高于学术学位研究生

2012—2020年，专业学位研究生在调查总体样本中的比例从18.8%提升至42.5%，专业学位研究生对研究生教育的满意度几乎是持续提高的。2012年和2013年，专业学位研究生的满意度低于学术学位研究生，但从2014年开始，专业学位研究生满意度反超学术学位研究生，到2020年已连续7年高于学术学位研究生（表4-16）。

与此同时，也应该注意专业学位研究生教育目前存在的问题。从2012年开始，专业学位研究生拥有校外导师的比例一直偏低，2020年仅有22.9%的专业学位研究生拥有校外导师；专业学位博士研究生拥有校外导师的比例更低，只有15.5%，并且近几年还有下降的趋势。专业学位研究生进入实践基地参见专业实践的比例也一直很低，2020年有56.4%的专业学位研究生进入实践基地参加专业实践，虽然比前几年有所提高，但仍有较大的提升空间。

表4–16　2012—2020年学术学位研究生与专业学位研究生总体满意率比较

年　份	学术学位研究生/%	专业学位研究生/%
2012	63.5	61.9
2013	67.5	66.5
2014	66.2	67.0
2015	71.5	72.0
2016	70.4	71.2
2017	70.2	71.3
2018	72.0	70.9
2019	73.2	74.5
2020	82.3	83.2

（四）研究生对某些方面的满意度较低

整体来看，研究生对课程教学、科研训练、管理与服务的满意率相对较低。具体来看，在课程教学环节，研究生对课程体系合理性、课程内容前沿性的评价低于对课程教学的整体评价，仅对教师的教学水平的满意度较高。在科研训练环节，研究生对科研训练在提升写作能力与创新能力方面满意度较低。在管理与服务方面，除对图书馆评价较高，研究生对学生管理、“三助”岗位、学术交流、奖学金、就业指导与服务、宿舍和食堂等各方面的满意度都比较低。这些方面无疑是研究生教育的“短板”，有待加强和改进。

第五章　普通高校高水平研究生院100强

高水平研究生院是我国高等学校“双一流”建设的关键支撑，是提升我国研究生教育国际竞争力和世界影响力的重要力量，对建设研究生教育强国具有战略意义。经过 40 年的发展，研究生院制度助力了重点学科建设、“211 工程”“985 工程”“双一流”建设等高校重点建设。与此同时，一批高校的研究生院逐渐发展壮大，代表了一所大学研究生教育的办学水平和综合实力。

一、高水平研究生院评选的基础

研究生院作为中国特色研究生教育系统发轫的一项关键举措，改革开放以来逐渐发展为高校研究生培养的重要基地。

（一）研究生院的由来

研究生院建制经历了稳步放权、有序扩散的进程。研究生教育管理体制中的基础单元是研究生培养单位，其功能彰显基于研究生院制度①。改革开放之初，国家将研究生院设置提上政策议程。1978 年，中国科学技术大学、中国社会科学院相继设立研究生院。1982 年，《中华人民共和国国民经济和社会发展第六个五年计划（1981—1985）》首次指出“要试办研究生院”。1984 年，国务院批准《教育部关于在部分全国重点高等院校试办研究生院的请示报告》及《关于在部分全国重点高等院校试办研究生院的几点意见》，随即教育部发出《关于在北京大学等二十二所高等院校试办研究生院的通知》。1986 年，国务院颁布《高等教育管理职责暂行规定》，首次提出制订研究生院设置标准。1995 年，国家教育委员会专门制订了《研究生院设置暂行规定》，明确了研究生院设置的宏观要求、基本条件、批准程序、部门职责等。20 世纪 80 年代至 21 世纪初，国家分 4 批审批

① 李明磊，王战军．改革开放以来中国研究生教育管理：成就与挑战［J］．清华大学教育研究，2019，40（5）：105—111.

试办研究生院，共计 56 所高等学校[①]获准试办，其后陆续转为正式建立。

当前，研究生院设置已从特定的制度安排演化成普通高校内部管理机构，成为高校必备的部门。历经 30 余年的体制变革和制度变迁，研究生院设置从作为国家集中指导研究生教育的宏观政策逐步演变为高等学校管理和发展研究生教育的自主行为[②]。2012 年，国务院《关于第六批取消和调整行政审批项目的决定》取消对研究生院审批的行政权。自此，研究生院建设走上了快速发展轨道。众所周知，我国研究生培养单位分为高等学校和科研院所两种类型，其中较大型的科研院所设立了研究生院，例如中国农业科学院、中国地质科学院等。此外，中央党校、军队院校也设有研究生院。因此，我国具备研究生院建制的研究生培养单位较为多元，但普通高校是主体类型。作为一定历史时期的制度产物，研究生院建制有力地推动了高等学校成长为高层次创新型人才的培养基地，加快了我国研究型大学、世界一流大学的建设步伐。

通过中国研究生招生信息网[③]统计具有研究生招生资格的普通高等学校，共计 587 所，含博士学位授予单位 349 所、硕士学位授予单位 238 所。梳理普通高校研究生教育管理部门设置情况，有 340 所设置了研究生院（表 5-1），接近 3/5。其中，博士学位授予单位和硕士学位授予单位有 285 所和 55 所。虽然研究生教育管理机构名称各异，但职能基本一致。研究生院作为培养单位组织管理研究生教育事务的职能部门，主要承担研究生教育改革、研究生人才培养和学位授予、学科建设和学位授权等工作任务。

表5–1 普通高校研究生教育管理部门设置情况

机构名称	数量/个	比例/%	机构名称	数量/个	比例/%
研究生院	340	57.92	学位管理与研究生工作处	2	0.34
研究生处	137	23.34	研究生教学部	1	0.17
研究生部	42	7.16	研究生教育部	1	0.17

① 王战军 . 中国学位与研究生教育 40 年（1978—2018）[M] . 北京 : 中国科学技术出版社，2018:35.

② 郭晓琳，胡蕴纹，杜娟，等. 探析高等学校研究生院设置现状与发展挑战[J]. 上海研究生教育，2018（3）：17–20.

③ 检索来源：中国研究生招生信息网，截至 2020 年 2 月。

续表

机构名称	数量/个	比例/%	机构名称	数量/个	比例/%
研究生学院	35	5.96	研究生教育学院	1	0.17
研究生工作处	10	1.70	研究生教育院	1	0.17
学科建设与研究生管理处	10	1.70	培养与学位部	1	0.17
科研与研究生处	5	0.85	学科建设与规划处	1	0.17

注：按照研究生教育管理部门的主要名称进行统计。其中，学科建设与研究生管理处涵盖学科与研究生处、学科建设与研究生处、学科建设与研究生管理办公室、学科建设与研究生教育管理处、研究生与学科建设处等

（二）高水平研究生院的特性

高水平研究生院承载了研究型大学的功能和目标。研究型大学是以知识的传播、生产和应用为中心，以产出高水平的科研成果和培养高层次精英人才为目标，在社会发展、经济建设、科教进步和文化繁荣中发挥重要作用的大学①。"双一流"建设时期，高水平研究生院将是高校研究生教育强大的鲜明标志，极大地推动了我国研究生教育内涵式发展。2017 年，教育部、国务院学位委员会印发《学位与研究生教育发展"十三五"规划》，提出"全面提高研究生教育的结构适应性、人才培养质量、科技创新水平和社会服务能力"。2018 年，教育部、财政部、国家发展改革委印发《关于高等学校加快"双一流"建设的指导意见》，指出"双一流"建设综合评价以人才培养、创新能力、服务贡献和影响力为核心要素。综合考虑我国国情，高水平研究生院应在人才培养、社会贡献、办学资源、社会影响等方面取得显著成效。

第一，培养水平高。人才培养是高等学校的第一大职能，科学研究、社会服务、文化传承与创新、国际交流合作等职能均围绕人才培养开展。2015 年，国务院颁发《统筹推进世界一流大学和一流学科建设总体方案》，首先确立了"坚持以一流为目标，培养一流人才"的建设基本原则。"双一流"建设时期，研究生作为高层次人才，其培养水平集中体现在"攻读学位期间的培养质量和毕业后

① 王战军 . 中国研究型大学建设与发展［M］. 北京：高等教育出版社 ,2003:2.

的发展质量"[①]，最终落脚到研究生毕业若干年后的成长。只有为社会培养出一流人才的研究生院，才堪称高水平研究生院。社会各界的一流人才，包括政治家、企业家、军事家、学术大师等，反映出高水平研究生院的培养实力和能力，是高水平研究生院最显著的成就。再者，高水平导师队伍很大程度上决定人才培养的质量。一所高校研究生院能产生堪称学术大师的导师，在一定程度上代表了导师队伍良性的高水平发展态势。

第二，社会贡献大。在创新驱动发展战略下，研究生院必须积极主动地服务国家战略、经济社会发展，产出人力贡献、智力贡献等高水平成果。2018 年，中共中央办公厅、国务院办公厅印发《关于深化项目评审、人才评价、机构评估改革的意见》，明确提出"突出质量贡献绩效导向"的评价体系。在新时代，国家在科技评价、教育评价、科研评价等领域部署了构建以贡献、质量、影响为理念导向的行动。研究生院通过人才培养、科学研究、社会服务等工作落实国家要求，充分满足国家重大战略需求，增强创新能力，体现贡献价值。

第三，办学资源强。研究生教育是需要资源持续投入的高成本活动，并且带有创新性、风险性、不确定性。办学资源在一定程度上决定了研究生院的水平。高水平研究生院既要有雄厚的财力资源，也要有高水平的导师资源；既要有充足的物力资源，也要有丰富的人力资源和学术资源；既要有"便捷"的有形资源，也要有可获得的无形资源。2013 年，教育部、国家发展改革委、财政部三部委相继出台《关于深化研究生教育改革的意见》《关于完善研究生教育投入机制的意见》，专门就研究生培养经费、投入机制提出政策措施。一般而言，研究生院办学资源主要有财力和人力两方资源。其中，财力资源包括运行经费、科研经费等，人力资源特指导师队伍。不同类型的办学资源应实现有机融合、汇聚，才能推动研究生院的高水平运转。

第四，社会影响广。高水平研究生院是高校研究生教育实力的外显特征。我国研究生院经过较长时间的发展，通过培养的高端人才、创新型的科研成果、优质的社会服务，积累了一定的社会影响力和知名度；同时，社会对高水平研究生院形成了声誉认知和形象信任。更为重要的是，研究生院培养的高水平人才将会

① 王战军，李明磊．研究生质量评估：模型与框架［J］．高等教育研究，2012,33（3）:54-58.

产生持续的，甚至是深远的影响。由于校友群体烙印了高等学校的大学精神，相当部分已内化为个人行为的理念指引或潜在风格，对其工作领域带来潜移默化的影响。这其中存在一个庞大的特殊群体，即担任高等学校领导的校友群体，可以推断的是，这个群体将会无意识或有意识地带给所在高等学校以高水平研究生院的诸多培养理念或办学思想，这种影响显然是无法估量的。

二、高水平研究生院评选指标体系

高水平研究生院评价旨在评选出 100 所左右高水平的研究生院。当前，大部分高校设置研究生院为评价高水平研究生院奠定了基础。

（一）评选思想和目的

高水平研究生院评价将以新时代研究生教育强国建设为引领和导向。《学位与研究生教育发展“十三五”规划》指出“加快从研究生教育大国向研究生教育强国迈进”。新时代研究生教育面临高质量发展、重贡献和成效、深度对接社会需求的时代挑战。为此，高水平研究生院评价顺应了新时代研究生教育强国建设和内涵式发展战略。科学合理、客观有效地评选出高水平研究生院是“互联网 +”时代研究生教育评价亟待攻破的课题。中国研究生院百强评价遵循大数据的思想理念，试图建构基于大数据的研究生院评价体系，深入挖掘高水平研究生院的核心表征要素信息，提高评价精准性和时效性，使社会公众清晰地认知研究生院发展水平。

高水平研究生院评价属于研究生教育水平评估，评价对象表面上是高校研究生院，实质上是高校研究生教育。20 世纪 90 年代中期，国家对前两批 33 所高校试办研究生院进行检查性评估，重在检验高校研究生教育的质量和效益，激励研究生院提升培养水平和办学实力。与此一脉相承，中国研究生院百强评价的目的是推进我国高水平研究生院的高质量发展，促进高校研究生教育内涵式建设，全面助推研究生院建设的整体水平和综合实力。

（二）指标设计原则

基于研究生院评价思想和目的，以及评价对象的特性，中国研究生院百强评选在评价指标设计时遵循了以下原则。

1. 导向性和代表性原则

评价指标应发挥导向性作用，体现研究生院评价的价值和目的。在我国研究生教育内涵式发展理念下，高校研究生院理应树立高质量发展的目标和方向，总体上与经济社会发展趋势保持一致。另外，评价指标体系促进高校建设具有自身特色的研究生院。因此，本评价指标体系确立了卓越度、贡献度、支撑度、影响度 4 个评价维度。

研究生院评价的指标可以是多维度的，但选取高水平研究生院评价指标时将考虑代表性。评价指标强调典型性的评价要素，不求面面俱到。通过代表性指标和典型性要素力求反映高水平研究生院在人才培养和投入资源等方面的综合实力。

2. 客观性和有效性原则

研究生院评价指标应做到客观可信，才能真实地评选出高水平的研究生院。评价指标体系是有层次性的，分为评价维度、一级指标、二级指标等，映射出指标体系的内在逻辑关系，均为客观指标。再者，研究生院评价同一维度的各指标相互独立，评价要素互不交叉重叠，保证末级指标评测的是研究生院某一活动内容，提高评价的信度。

研究生院评价有效性包含指标有效性和结果有效性两个主要方面。指标有效性说明研究生院评价指标测量的针对性和指向性，即测量内容既符合评价主体的意图和要求，也契合高水平研究生院的特性，直接决定了评价的效度。评价结果有效性指研究生院评价系统的效度大小，能证明评价指标体系设计是否切中实际。评价指标及结果的有效性综合体现研究生院百强评价的科学性和合理性。

3. 可测性和易行性原则

研究生院评价指标的可测性原则要求每项指标规定的内容必须能测量出来。事实上，研究生院是一个非常复杂的组织有机体。在可测性原则下，研究生院评价指标可分为量化指标和定性指标。其中，量化指标较多，比如学位授予规模、资源投入量等；定性指标即不易量化的测量内容，比如管理理念等。本评价体系中“影响度”维度可进一步分解为社会影响和理念影响，从本质上看属于定性指标，但从可测性原则出发，将其转化成了定量指标，更直观地显示研究生院

的社会影响力。

研究生院评价指标易行性指获取研究生院相关评价信息是易操作的，并使评估成本可控。这就要处理妥当指标繁简的问题，既要避免烦琐，增强可执行性；又要防止过简，造成信息缺失。相比较而言，大数据时代研究生院评价易行性较为容易实现，因为评价数据的技术手段更先进、数据来源更丰富，更能无限接近研究生院真实的状态。

（三）评选指标

经过反复研究和征询专家意见，基于高水平研究生院特性，确定了中国研究生院百强评选指标体系（表 5-2）。具体分为 4 个评价维度、8 个一级指标与 14 个二级指标。

表5–2　中国研究生院百强评选指标体系

评价维度	一级指标	二级指标	指标内涵
A卓越度（0.40）	A1卓越人才（0.80）	A11治国栋梁	研究生校友担任正部级及以上现任领导
		A12治学大师	研究生校友当选中国科学院和中国工程院院士
		A13行业精英	研究生校友担任A股上市公司董事长
	A2卓越教师（0.20）	A21导师队伍水平	导师当选中国科学院和中国工程院院士
B贡献度（0.40）	B1科技贡献（0.60）	B11国家科技奖	国家科技奖数
	B2人才贡献（0.20）	B21博士毕业生	博士学位授予数
		B22硕士毕业生	硕士学位授予数
	B3科研贡献（0.20）	B31自然科学重量级研究	国家自然科学基金重大、重点项目
		B32人文社科重量级研究	国家社会科学基金重大、重点项目

续表

评价维度	一级指标	二级指标	指标内涵
C支撑度（0.10）	C1人力资源（0.50）	C11生师比	在学研究生和指导教师之比
		C12导师规模	指导教师规模
	C2财力资源（0.50）	C21生均经费	研发经费和在学研究生之比
		C22经费规模	自然科学经费和社会科学研发经费之和
D影响度（0.10）	D1社会影响（1.00）	D11信息量	研究生院及其研究生的可获知信息量

注：表格中括号里的数字为相应的指标权重

第一，卓越度体现研究生院人才培养的水平高。研究生院卓越度分解为人才质量和教师质量两项评价指标。研究生院培养的卓越人才通过治国栋梁、治学大师、行业精英三项指标进行观测，表征研究生院校友在社会各领域的优异发展。研究生院各领域优秀校友代表了精英人才培养的综合实力、毕业生发展潜力，尤其是政界、学界、工商界等社会核心领域。研究生院教师质量主要取决于研究生导师队伍水平的高低。

第二，贡献度反映研究生院对社会发展的重大贡献。研究生院贡献主要包括高水平科技成果贡献、高层次人才贡献和高端科研项目贡献，分别使用国家科技奖、毕业研究生和重量级研究等指标测量。国家科技奖代表了我国科技领域的最高奖励，是推动国家经济社会创新发展的强大贡献。研究生作为高层次人才，是新时代经济社会高质量发展的人力资本基础，直接决定社会发展所蕴含的“知识水平”。重量级研究说明了研究生院在自然科学、社会科学等研究领域的重大科研贡献。

第三，支撑度代表研究生院的资源投入程度，体现办学资源对高等学校研究生教育的支撑强弱。研究生院的重要资源包括人力资源和财力资源。人力资源主要是导师队伍，将关涉为研究生配置的人力资源占有量，直接对研究生的培养质量有决定性影响。人力资源指标分解为生师比和导师规模等观测指标，既测量生均导师占有量，又衡量导师总量。财力资源对研究生教育同等重要，将有力地支撑研究生院高水平运转。财力资源指标分解为生均经费和经费规模，一方面体现

研究生人均占有的资源量，另一方面表征研究生院能支配的财力资源量。

第四，影响度衡量研究生院被社会认知的程度。这一维度主要通过公共信息量评价指标进行测量。信息量指标体现了社会获取研究生院信息的数量，显现出研究生院信息传播的广度或影响力。由于目前作为高校领导的研究生院校友较少，导致其可比性较差，因而没有采用此指标。

三、高水平研究生院评价方法

（一）数据来源及说明

高水平研究生院评价以大数据方法为指引，采集数据均为公开数据或公共数据（表 5-3），辅以人工清洗和校对。公开数据立足开源信息，通过网络爬取构建数据池，属于时点数据。公共数据包括各种统计资料、年度报告等信息源，属于自然年数据。鉴于数据的可获得性，以及保持同一评价维度下指标的来源时间一致性，部分指标采用了 2017 年的数据。

表5–3 评价数据来源

一级指标	数据来源	数据时间
A1卓越人才	①正部级及以上现任领导信息来源于部门官网和公开数据；②两院院士信息来源于中国科学院、中国工程院官网以及公开数据；③A股上市公司董事长信息来源于公司官网和公开数据	截至2020年2月
A2卓越教师	两院院士信息来源于中国科学院、中国工程院官网	2017年、2019年
B1科技贡献	国家科技奖来源于国家科学技术奖励工作办公室官网	2018—2019年
B2人才贡献	毕业研究生数来源于各高校《毕业生就业质量报告》	2018—2019年
B3科研贡献	①自然科学重量级项目来源于国家自然科学基金委官方网站；②人文社科重量级项目来源于全国哲学社会科学工作办公室官方网站、全国教育科学规划领导小组办公室官方网站	2018—2019年
C1人力资源	在校生数和指导教师数来源于各高校《本科教学质量报告》《研究生教育质量报告》等	2017年
C2财力资源	①自然科学经费数来源于《高等学校科技统计汇编》；②社会科学研发经费数来源于《全国高校社科统计资料汇编》	2017年
D1社会影响	各高校研究生院公共信息通过公开数据获取	2019年

（二）数据处理方法

1. 观测点数据处理

考虑到个别观测指标的属性和特征，将对其采取当量处理。

国家科技奖指标是折合量。此指标包括国家自然科学奖、国家技术发明奖、国家科技进步奖三类奖励。前两项奖统计每项奖励的第一完成单位，第三项奖励统计所有完成单位，均赋值为 1。参照近两届奖励的等级分布，三类奖励的特等奖、一等奖、二等奖分别赋当量 5、2、1。

2. 数据标准化方法

本评价中评价指标均为线性指标。由于指标性质及量纲不统一，因此需将各指标数据转化为标准化得分。

线性指标标准化数值转化方法如公式（1）所示。

$$S_{ij}=\frac{A_{ij}}{A_j^{max}}\times 100 \tag{1}$$

S_{ij} 表示第 i 个学校第 j 项指标的标准数据，A_{ij} 表示第 i 个学校第 j 项指标的原始数据。A_j^{max} 为第 j 个指标的最大值。

3. 标准分统计处理

对标准数据进行加权求和，则如公式（2）：

$$Z_{ij}=\sum_{j=1}^{n} y_{ij}\times b_j \tag{2}$$

其中，Z_{ij} 为学校的加权总分。y_{ij} 表示第 i 个学校第 j 个维度的得分，b_j 为第 j 个维度的权重。

采用百分线性变换进行标准化转变，设第 i 个学校加权后的数据为 S_i，则如公式（3）：

$$S_i=\frac{Z_{ij}}{Z_j^{max}}\times 100 \tag{3}$$

四、普通高校高水平研究生院100强

此排名评价了 584 所高校研究生院。评价结果综合采用定量分值和定性分等的方式。中国研究生院 100 强分为“卓越”和“优秀”两大等级，进而依据水平

得分的位次百分位，分为5档呈现（表5-4）。本排名将100强前5%定为“卓越A”、6%—30%定为“卓越B”、31%—55%定为“优秀A+”、56%—80%定为“优秀A”、81%—100%定为“优秀B”。考虑到排名位次越靠后，高校分数越接近，高水平研究生院100强高校总计有109所。

表5-4 高水平研究生院百强高校名单

评价结果	高水平研究生院百强高校名单
卓越A（5所）	北京大学、清华大学、复旦大学、上海交通大学、浙江大学
卓越B（25所）	中国人民大学、北京航空航天大学、北京理工大学、中国农业大学、北京师范大学、南开大学、天津大学、大连理工大学、吉林大学、哈尔滨工业大学、同济大学、南京大学、东南大学、中国科学技术大学、厦门大学、山东大学、武汉大学、华中科技大学、湖南大学、中南大学、中山大学、重庆大学、四川大学、西安交通大学、西北工业大学
优秀A+（25所）	北京交通大学、北京工业大学、北京科技大学、首都医科大学、中国矿业大学、中国石油大学、中国地质大学、东北大学、华东理工大学、华东师范大学、上海大学、苏州大学、南京理工大学、河海大学、南京农业大学、中国海洋大学、郑州大学、武汉理工大学、暨南大学、华南理工大学、华南农业大学、西南交通大学、电子科技大学、西安电子科技大学、兰州大学
优秀A（25所）	北京化工大学、北京邮电大学、北京协和医学院、对外经济贸易大学、中国政法大学、东北师范大学、哈尔滨工程大学、东华大学、江南大学、南京航空航天大学、南京师范大学、扬州大学、合肥工业大学、南昌大学、华中农业大学、华中师范大学、湖南师范大学、华南师范大学、深圳大学、广西大学、西南大学、西北大学、长安大学、西北农林科技大学、陕西师范大学
优秀B（29所）	北京林业大学、北京中医药大学、首都师范大学、中央财经大学、中央民族大学、天津医科大学、太原理工大学、中国医科大学、东北财经大学、上海财经大学、南京工业大学、江苏大学、南京医科大学、浙江工业大学、安徽大学、福建师范大学、河南大学、中南财经政法大学、湘潭大学、广东工业大学、南方医科大学、南方科技大学、海南大学、成都理工大学、西南财经大学、贵州大学、云南大学、昆明理工大学、新疆大学

注：学校同档次按学校代码排列。中国地质大学、中国石油大学、中国矿业大学三所两地办学的高校合并统计

中国研究生院百强榜单中，41所一流大学建设高校全部上榜

16所既非一流大学建设高校又非一流学科建设高校强势入围

中国研究生院百强榜单中，41 所一流大学建设高校全部上榜，占 37.61%；52 所一流学科建设高校进入，占 47.71%；16 所既非一流大学建设高校又非一流学科建设高校强势入围，占 14.68%。从隶属关系上看，在百强榜单中，部属高校 73 所，占 66.97%；地方高校 29 所，占 26.61%；部省合建高校 7 所，占 6.42%。从地域上看，百强评价上榜 5 所以上高校的省份：北京市 24 所，占据第一位；江苏省 14 所，排第二位；广东省 9 所，排第三位；其余依次为上海市第四位（8 所）、湖北省和陕西省第五位（各 7 所）、四川省第七位（5 所）。

中国研究生院百强榜单中，卓越级研究生院有 30 所，均为一流大学建设高校，全部隶属中央部委。卓越 A 级研究生院代表着中国冲击世界一流大学前列的第一方阵高校，将跻身世界顶尖大学行列。卓越 B 级研究生院代表着中国迈入世界一流大学前列的第二方阵高校。优秀级研究生院有 79 所，其中“双一流”建设高校 63 所，占近 4/5。优秀 A+ 级研究生院代表着中国进入世界一流大学行列的第一方阵高校。优秀 A 级和 B 级研究生院代表着中国冲击世界一流大学行列的第二方阵高校。

五、讨论

任何评价体系既有科学合理性，但又存在局限性。依据一套评价指标体系测量高水平研究生院的所有要素难度很大，其一是现实中难以操作，其二是将导致评估成本高企。因此，囿于评估活动的有限性，再者受制于研究能力、研究条件的限制，本评价体系还存在一定的不足。一方面，评价体系舍弃了部分重要指标。研究生院培养的高校领导校友群体能较好地表征研究生院理念的潜在社会影响，但是这一群体目前可统计的有效人群较少，导致难以纳入指标体系。另一方面，部分评价数据相对滞后。随着高校信息公开制度逐步完善，高校发展信息越

来越丰富。即使如此，一些数据信息依然面临采集困难。为保证指标的信度和一致性，部分评价数据相对滞后。

评选高水平研究生院缘于“双一流”建设的紧迫感和使命感，期冀能服务于研究生教育强国建设。对评选结果，希望社会各界能理性看待，同时欢迎批评指正评价体系，以使其不断完善，能切实推进拥有高水平研究生院的普通高校早日建成世界一流大学。

第六章　研究生教育国际述评

研究生教育不仅是一个国家提升综合实力、提高国际竞争力的核心要素，也是加快全球产业发展、促进创新技术转型的重要推手。2019 年度，国际研究生教育以合作与创新为主题。在培养规模上，各国重视研究生培养的数量，并不断加强其内涵式发展，提升研究生培养的质量和水平。此外，全球研究生的培养目的更加务实，更趋向于现实问题的解决。一方面，各国产业发展与经济发展需要一批精干的人才队伍，特别是高层次、高技能人才队伍，以期支持国家的产业战略转型。另一方面，国际组织也认识到，要解决全球化问题，不仅需要各国协同合作，也需要各高校共创共建。因此，在国际组织的倡导下，校际间的创新合作、研究生的精准培养，成了解决全球化问题的重要手段。

值得注意的是，在“双一流”建设的推进下，中国研究生的教育规模、海外留学生数量、科研合作水平及其国际影响力备受西方瞩目。而“华为”事件与中美贸易争端，使西方发达国家不但更加警惕中国科技人才的崛起，而且在尖端核心技术的维护中，表现出极强的占有欲。可以预期，未来的研究生教育既是各国提升国际影响力的战略手段，也是争夺国际话语权的智力支持。

一、国际媒体评介中国研究生教育发展

中国研究生教育的改革动向是外国媒体关注的焦点。清理“四唯”“五唯”的改革举措，让外国媒体更加重视中国“双一流”建设的现实表现与未来走向。但要注意的是，随着中国留学研究生人数的增加，一些“中国威胁论”者开始限制中国研究生的专业培养，这也将成为未来中国研究生教育发展的挑战。

（一）中国破除论文“SCI至上”

2020 年 2 月，世界大学新闻网报道，（中国）教育部、科技部印发《关于规范高等学校 SCI 论文相关指标使用树立正确评价导向的若干意见》，旨在破除论文“SCI 至上”，提高学术质量，有效统筹研究经费分配。该意见强调，“应用型研究与技术创新不能过于关注论文的数量，其研究要为现实生活做出贡献”。同时强调，“在博士生培养过程中，大学不应将 SCI 论文与博士学位的授予挂钩。”①

大学不应将SCI论文与博士学位的授予挂钩

实际上，2019 年，清华大学率先宣布，顶级期刊论文的发表不再成为博士生获得学位的硬性指标。清华大学的学者表示，“学术能力将是指导因素，而并非在国际期刊上发表文章的能力”。相关学者也表示，“像清华这样的顶尖大学，其国际排名不太可能受到这一制度的影响。在硬科学领域，清华大学是世界一流的，前沿性成果卓著。”②

（二）中国“双一流”高校在“2020年新兴经济大学排名”中表现突出

《泰晤士报高等教育》（Times Higher Education，THE）每年会推出“新兴经济大学排名”。在“2020 年新兴经济体大学排名”（Emerging Economies University Rankings 2020）中，中国大陆有 7 所一流大学排名前十。所谓的“新兴经济体”是指某一国家或地区经济蓬勃发展，成为新兴的经济实体，但目前并没有一个准确的定义。英国《经济学家》将新兴经济体分成两个梯队。第一梯队为中国、巴西、印度和俄罗斯、南非，也称“金砖国家”；第二梯队包括墨西哥、韩国、菲律宾、土耳其、印度尼西亚、埃及、阿根廷、波兰、匈牙利、马来西亚、罗马尼亚等“新钻”国家。

清华大学在新兴经济体的机构列表中排名第一。北京大学排名第二。浙江大学与中国科学技术大学排名第三和第四，而上海交通大学则从第八名上升到第六名。复旦大学排名第七，南京大学排名第九。THE 教育首席知识官菲尔·巴

---

①② Yojana Sharma. China Shifts from Reliance on International Publications [EB/OL]. (2020-02-05) [2019-03-09]. https://www.universityworldnews.com/post.php?story=20200225181649179.

蒂（Phil Baty）表示："中国高校在 THE'新兴经济体大学排名'情况，反映了中国高等教育在世界高等教育舞台上的迅速崛起。随着"双一流"建设推进，中国一流大学也快速发展。我们希望，中国的'双一流'建设会继续下去，并在未来几年内提供世界一流的高等教育。"[①]

（三）美国限制STEM科学领域的中国研究生签证

据悉，美国商务部工业和安全局（Bureau of Industry and Security of the US Department of Commerce）将越来越多中国大学和科研机构列入美国政府的"实体清单"（Entity List），用以限制中美校际间的科研合作交流。这一举动被视为美国保护"敏感"（Sensitive）技术转让的一种方式。对在美留学的中国研究生而言，美国也将限制 STEM（科学、技术、工程和数学）相关领域的中国研究生的签证。而对美国许多大学而言，它们可能会因为害怕违反规定而取消与中国大学的合作。[②]

（四）中国留学生增多引起了英国的警惕

2019 年 11 月 2 日，世界大学新闻网报道，在英国，由于国际留学研究生要比国内研究生支付更高的学费，许多大学依靠招募大量的国际学生来增加大学收入。但目前，在英国的高校中，中国的留学生人数超过了其他任何国家。而中国研究生最多的三所大学依次为伦敦大学学院、曼彻斯特大学、谢菲尔德大学。伦敦大学学院的中国研究生人数最多，为 2990 名；曼彻斯特大学次之，为 2920 名；谢菲尔德大学有 26.5%（2625 名）的中国研究生。[③]

在英国的高校中，中国的留学生人数超过了其他任何国家

为此，英国情报机构已警告英国的大学，在中国招募学生时，应将国家利益

① Wang Mingjie. Universities in China Climb Global Rankings List[EB/OL].(2020-02-19)[2020-03-21]. http://www.chinadaily.com.cn/a/202002/19/WS5e4c8e9ca310128217278962.html.

② Yojana Sharma.US Export Controls Raise Research Collaboration Concerns [EB/OL] .(2019-06-25)[2020-03-01] .https://www.universityworldnews.com/post.php? story=20190625091615818.

③ Brendan O' Malley. Intelligence Agencies Warn Universities of China Threat [EB/OL] .(2019-11-02)[2020-03-01] . https://www.universityworldnews.com/post.php?story=20191101144452131.

放在自己的商业利益之上。英国的大学招收中国学生，尤其是研究生，增加了中国窃取大学研究和知识产权的危机，大学计算机系统也受到了威胁。①

二、来华留学与海外留学概况

“走出去、引进来”是中国教育对外开放的发展策略之一。对来华留学生来说，中国政府更加重视研究生教育质量的提升，以期实现来华留学内涵式发展。同时，完善了公派留学的制度建设，加强了高精尖专业领域公派力度。

（一）完善中国政府奖学金管理制度，提高来华研究生教育质量

中国政府奖学金是来华留学工作的重要内容，有力地提升了来华留学生源的层次和水平。2018 年中国政府奖学金获得者中，攻读硕士、博士学位的占 70%。为了提升来华留学研究生的教育质量，完善中国政府奖学金的管理机制，2019 年 7 月，教育部国际合作与交流司负责人表示，教育部“要求国家留学基金委和高校实施严格的遴选和录取程序，通过年度评审等方式对奖学金生进行严格考核，未通过评审的，中止或取消其享受奖学金的资格，切实提升培养质量和使用效益。”② 为此，中国的一批一流大学开始严抓来华留学研究生的教育质量，仅 2019 年，武汉大学、复旦大学、中国人民大学等高校清退了一批来华留学研究生，并引发了社会的热议。

武汉大学等高校清退了一批来华留学研究生

教育部国际合作与交流司负责人也表示，“下一步，教育部将进一步完善中国政府奖学金生的招生和管理，提高标准，保障质量。同时，健全奖学金院校考核评估机制，对违规招生或培养质量不达标的院校，取消招收和培养奖学金生资格”。③

① Brendan O’Malley. Intelligence Agencies Warn Universities of China Threat [EB/OL].(2019-11-02)[2020-03-01]. https://www.universityworldnews.com/post.php?story=20191101144452131.

②③ 教育部. 质量为先 实现来华留学内涵式发展——教育部国际司负责人就来华留学相关问题答记者问[EB/OL].(2019-07-20)[2020-02-22]. http://www.moe.gov.cn/jyb_xwfb/s271/201907/t20190719_391532.html.

（二）减证便民，优化公派留学研究生出国与归国服务

为贯彻落实党中央、国务院关于减证便民、优化服务的决策部署，根据《国务院办公厅关于做好证明事项清理工作的通知》要求，2019 年 3 月 29 日，教育部结合教育领域工作实际，对各类证明事项进行了清理。其中，取消《教育部财政部关于印发〈国家公派出国留学研究生管理规定（试行）〉的通知》第十三条规定——公派研究生向留学目的地使领馆提交的《国家公派留学人员报到证明》，改为网上留存电子证照；第二十一条规定——公派研究生申请提前回国时向使领馆提交的相关证明，改为申请人书面承诺。第二十三条规定——公派研究生因病休学康复后申请返回留学国继续完成学业时提交的国内医疗机构体检合格证明，改为出示县级以上医院病历。①

（三）公派留学人数增加，聚焦高精尖专业领域

为深入贯彻落实习近平新时代中国特色社会主义思想和党的十九大精神，聚焦加快建设人才强国目标，紧密结合并推进“双一流”建设，实施国家建设高水平大学公派研究生项目，“2019 年国家建设高水平大学公派研究生项目选派办法”中明确强调，要重点资助应用基础研究、国家重大科技项目、关键共性技术、前沿引领技术、现代工程技术、颠覆性技术创新等领域。② 同时，进一步加大了选派的力度，计划选派 10000 人出国留学（比 2018 年又增加了 500 人）③。其中，攻读博士学位研究生 2500 人，联合培养博士研究生 7500 人。④

---

① 教育部 . 教育部关于取消一批证明事项的通知［EB/OL］.（2019-04-02）［2019-03-21］. http://www.moe.gov.cn/srcsite/A02/s7049/201904/t20190423_379235.html.

②④ 国家留学基金管理委员会 . 2019 年国家建设高水平大学公派研究生项目选派办法［EB/OL］.（2018-12-24）［2019-12-03］https://www.csc.edu.cn/article/1410.

③ 国家留学基金管理委员会 . 2018 年国家建设高水平大学公派研究生项目选派办法［EB/OL］.（2018-01-10）［2019-12-02］https://www.csc.edu.cn/article/1129.

三、国际研究生教育动态

为了提高综合国力和国际竞争力，各国政府加快了建设人力资源强国的步伐，并意识到高端人才培养对国家建设的重要性，强调研究生培养的社会实用性和适用性。从目前国际研究生教育的发展趋势来看，各国在人才培养方面更加落地、务实，不仅重视研究生培养的规模和质量，重视研究生教育的输出路径，也更加重视研究生教育对现实问题解决的作用和贡献。

（一）美国：国际留学生申请人数和注册人数均有所上升

从总体上看，在2018—2019年度，美国的国际研究生申请人数和入学人数均有所增加，且国际研究生入学总人数增长了4%。这一增长结束了该国持续两年的招生低迷期，且硕士及证书类研究生的申请人数和入学人数已达到2017年秋季的水平，博士学位申请人数和注册人数也持续稳增。

从申请人数来看，在2018—2019年度，由于硕士及证书类研究生的申请增长（3%），美国的国际研究生申请人数总体上涨。其中，在R3① 类的大学中，硕士学位和证书类申请人数增长比例最大，增长了11%；R1② 类大学次之，增长了3%。同时，R1类大学的博士学位申请人数也增加了3%。但是，R2③ 类大学硕士学位及证书类研究生和博士研究生申请人数均无变化。

从注册人数来看，同一时期，美国的国际研究生入学人数与申请人数增长比相似，入学总人数也增长了3%。其中，在R3类的大学中，硕士和证书类研究生入学人数增长比例最大，增长了7%；R1类大学次之，增长了5%。同时，R1类大学的博士学位申请人数也增加了3%。但是，R2类大学硕士学位及证书类研究生和博士研究生的入学人数则下降较快，硕士及证书类研究生入学人数下降1%，博士研究生的入学率下降6%（图6-1）。

---

① R3：硕士类学院、大学和其他机构（Master's Colleges and Universities and Other Institutions）.

② R1：研究活跃度最高（Highest Research Activity）的博士类大学（Doctoral Universities）.

③ R2：研究活跃度较高或适中的博士类大学（Doctoral Universities）.

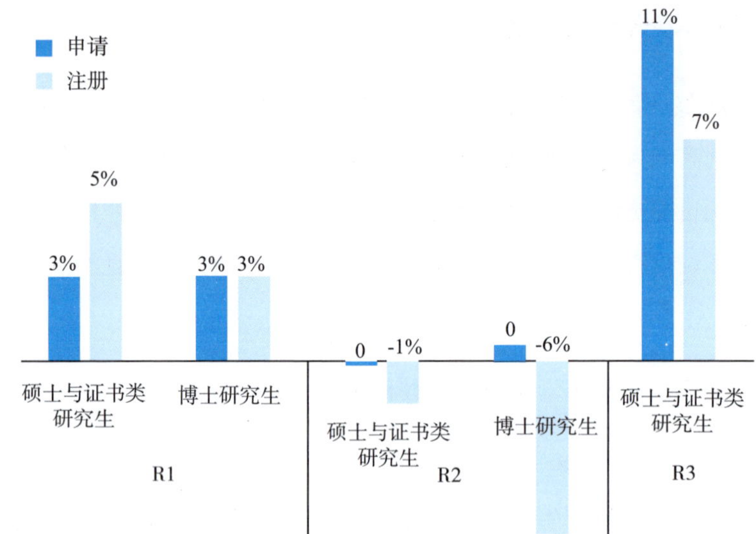

图6-1　2018—2019年美国国际研究生申请与入学增幅比

数据来源：Enyu Zhou, Radomir Ray Mitic, Christian P L. West and Hironao Okahana. International Graduate Applications and Enrollment: Fall 2019［R］. Council of Graduate Schools, 2020,2:2.

（二）英国：研究生毕业调查

2019年7月，英国大学联盟（Universities UK）发布了《2019年国际毕业生追踪报告》（International Graduate Outcome 2019）。该报告是收集了58所英国院校的16199名国际毕业生的调查反馈。

英国的研究生教育分为两类，一类是课程类研究生（Taught Postgraduate），一类是学术类研究生（Research Postgraduate）。根据调查结果来看，国际留学生毕业后，课程类研究生更愿意从事教育、金融、电脑/信息技术、卫生保健/社会工作四类行业。而学术类研究生毕业后更愿意从事学术工作，因此，在教育和科学研究与发展行业，学术类研究生的就业比例高。①（表6-1）。

同时，在英国的研究和教育方面，国际毕业生发挥了关键作用。根据调查显示，77%的学术类研究生希望在毕业后与英国的相关机构开展研究合作。在研究生所提交的研究计划中，36%的研究计划将承担英国未来的研究项目。在这一趋

① i-GO. International Graduate Outcomes 2019: What do International Graduate do?［R］. Universities UK, 2019:28.

势下，英国政府表示，要进一步提高研发支出，“到 2027 年，英国研发总支出将力争实现占 GDP 的 2.4%”。[①]

表6-1 就业排名前五位的行业

就业率	教育	金融	电脑/信息技术	卫生保健/社会工作	科学研究与发展
总就业率/%	18	8	7	6	5
本科就业率/%	10	10	7	7	7
课程类研究就业率/%	15	9	6	5	N/A
学术类研究生就业率/%	38	N/A	N/A	N/A	15%

数据来源：i-GO. International Graduate Outcomes 2019: What do International Graduate do?［R］. Universities UK, 2019:28.

（三）印度：研究生人数占比低

印度56.5%的工程技术专业的研究生毕业后将继续攻读博士学位

根据 2018—2019 年“印度高等教育调查”（All India Survey on Higher Education）的数据显示，印度约有 404.2 万名学生进入大学就读，其中，本科生入学率占高等教育总入学率的 79.76%，研究生（Post Graduate）培养仅占比 10.81%，位居第二。此外，哲学硕士仅占 0.64%，这个比例与研究生文凭的数量（0.46%）相当。博士人数最少，近 17 万人，仅占比 0.08%（图 6-2）。此外，在综合博士项目（Integrated Ph.D）中，还有 3880 位在读博士。[②] 而从印度博士生培养情况来看，56.5% 的工程技术专业的研究生或硕士生毕业后将继续攻读博士学位；农科类专业次之，占 52.9%；科学专业占 19.4%；医学专业占 15.5%；社

① i-GO. International Graduate Outcomes 2019: What do International Graduate do?［R］. Universities UK, 2019:58.

② Ministry of Human Resource Development. All India Survey on Higher Education 2018—2019［R］. Ministry of Human Resource Development, 2019：5,9.

会科学专业仅为 6.1%①。

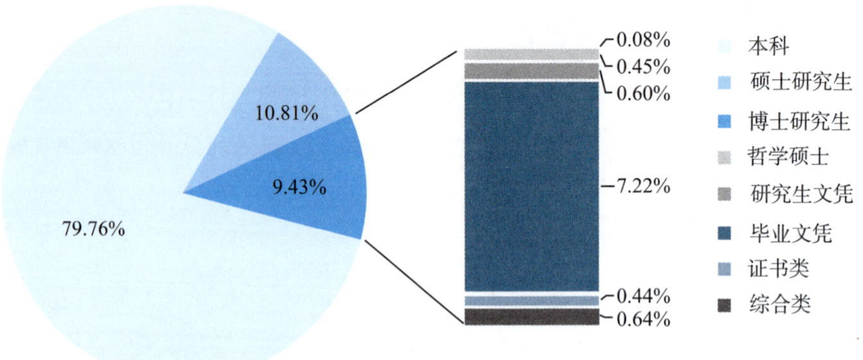

图6-2　2018—2019年度印度高等教育入学人数比

数据来源：Ministry of Human Resource Development. All India Survey on Higher Education 2018-2019[R]. Ministry of Human Resource Development, 2019（8）：9.

尽管印度的高等教育机构众多，但能开设研究生课程（指硕士）的高校仅占 34.9%，而能够开设博士课程的高校仅占 2.5%。② 此外，印度 34.8% 的大学仅能开设单一的研究生课程，而这 34.8% 的高校都是私立机构。③

（四）日本：博士毕业生缺乏就业竞争力

日本研究生院的发展扩大了日本博士生教育的培养规模。但这一扩张还没有引起日本劳动力市场的关注。④ 第一，日本每百万人口的博士学位持有者低于美国、德国、法国、英国和韩国的占比，显示其博士教育的规模仍然很小。第二，与北美和欧洲国家相比，日本的博士生将承受更大的经济负担。因为，在日本，很少有博士生会获得足够的公共经费，用以支付生活费、学习费、研究费用等。

① Ministry of Human Resource Development.All India Survey on Higher Education 2018—2019［R］. Ministry of Human Resource Development, 2019：11.

② Yojana Sharma. India in ‘Initial Stages’ of Higher Education Massification［EB/OL］.（2019-11-28）［2020-01-02］. https://www.universityworldnews.com/post.php?story=20191128104421724.

③ Ministry of Human Resource Development. All India Survey on Higher Education 2018—2019［R］. Ministry of Human Resource Development, 2019：1.

④ Futao Huang. Doctoral Education Needs Reform to Compete Internationally［EB/OL］.（2019-07-06）［2020-03-09］. https://www.universityworldnews.com/post.php?story=20190701120758605.

第三，从工业和商业的角度看，博士培养人数与劳动力市场结构及其供需存在不匹配现象。①

此外，日本博士学位项目多集中于学术研究人员的培养，而与职业发展相关的博士生培养项目较少。同时，日本的博士生培养过分强调研究能力，且关注学科领域过窄，缺乏跨学科领域的探索，同时，大部分的博士论文与日本的工业和商业无关，说明研究成果缺乏产业实用价值。其结果是，大多数日本企业更喜欢雇用硕士毕业生。②

（五）瑞典：首个针对联合国可持续发展目标的博士项目

瑞典最大的综合型大学隆德大学开设了“2030 年可持续发展议程博士项目”（The Lund University PhD Programme on Agenda 2020）。这是瑞典实施的首个针对联合国可持续发展目标的博士项目。为此，隆德大学设立了“2030 年议程研究生院”（The Agenda 2030 Graduate School）。该研究生院由隆德大学可持续发展论坛（Lund University Sustainability Forum）和该校的环境与气候研究中心（Centre for Environment and Climate Research）共同管理，并计划于 2020 年开设 12 个博士学位专业。该项目已经收到了 106 个国家的 1183 位申请者的注册申请，并吸引了一批从事可持续发展研究的杰出青年人才。

目前，该研究生院共有 17 名博士研究生，通过跨学科培养，致力于解决可持续发展等相关问题。此外，隆德大学还将通过举办研讨会，加强学生与学者间的学术交流与合作，以期为解决“2030 年可持续发展议程”中的问题而努力。③

四、中国研究生教育国际合作

随着“双一流”建设的推进，中国的一流大学在研究生教育层面，也与世界一流大学开了一系列项目合作，以期提高研究生教育质量，促进校际间的科研交流，提升“双一流”建设的内涵式发展。

---

①② Futao Huang. Doctoral Education Needs Reform to Compete Internationally［EB/OL］.（2019-07-06）［2020-03-09］. https://www.universityworldnews.com/post.php?story=20190701120758605.

③ Jan Petter Myklebust. First Graduate School Programme on SDGs Hugely popular［EB/OL］.（2020-01-25）［2020-03-09］. https://www.universityworldnews.com/post.php?story=20200123101649218.

（一）中国—挪威社会与环境联合研究中心成立

2019年9月17日，浙江大学和挪威奥斯陆大学共建的“中国—挪威社会与环境联合研究中心”。该联合研究中心将汇集两校优势资源和力量，致力于打造社会与环境领域前沿课题研究的创新团队，推动科学研究的国际间交流和跨学科合作。这将有效促进双方师生学习交流，加强硕士生短期交流和博士生联合培养，提升两校的人才国际化水平。同时，该联合研究中心能为浙江大学与奥斯陆大学各自创建世界一流大学贡献力量，并为中外校际合作提供典范。①

（二）“中—挪—俄”三方联合培养硕士项目

2019年9月，华东师范大学“国际治理与商务”中挪俄三方联合培养硕士项目启动。华东师范大学国际关系与地区发展研究院与挪威诺德大学商学院、莫斯科国际关系学院合办的中—挪—俄“国际治理与商务”全英文三方联合培养硕士项目，将结合三国三个高校的优势学科——中方的国际关系专业、挪威的国际商务与管理、莫斯科的国际能源与地区治理，培养具有较强研究能力、广泛国际视野，适合在涉外部门、智库、大型跨国公司的国际交往及政策分析部门工作的专门人才，以及未来的知华、亲华、友华的国际领袖人才。项目采用“1+1+1”的培养模式，三方学校每年各自招收10名学生，学生第一学期在各自母国就读，第二学期在挪威诺德大学学习，第三学期在莫斯科国际关系学院就读，第四学期开始到华东师范大学学习。项目将依托已经完备的学分互换制度为学生完成学业提供服务。同时，三方经过多轮研讨对各自的课程进行对接，设计了一套专门针对本项目的国际化课程体系，由中外导师联合授课、联合指导。完成三方规定的学分后，学生可以获得三方院校联合颁发的培养证书。②实际上，该项目将突破国内传统的双边联合培养模式，开启跨学科、国际化、高层次人才培养的新模式，具有较大的开拓性和前瞻性。

---

① 浙江大学中国—挪威社会与环境联合研究中心成立揭牌仪式暨2019年中挪社会与环境国际研讨会在浙江大学举行［EB/OL］.（2019-09-18）［2020-02-29］. http://www.spa.zju.edu.cn/spachinese/2019/0918/c13219a1678337/page.htm.

② 刘婧雯 . 我校启动中挪俄三方联合培养硕士项目［EB/OL］.（2019-09-10）［2020-02-29］. https://rus.ecnu.edu.cn/t/8403.

（三）合成与系统生物学双博士学位项目

清华大学与曼彻斯特大学开展合成与系统生物学双博士学位项目。该项目将在曼彻斯特生物技术学院与清华大学合成与系统生物学中心开展，招收学生参加双博士学位项目，让学生能够享受到两所全球知名大学的优秀资源。

曼彻斯特大学副校长、科学与工程学院院长马丁·施罗德表示："包括合成生物学和系统生物学在内的工业生物技术领域是曼彻斯特大学的研究前沿，代表着世界领先的跨学科研究。与清华大学的这项新合作有助于为科研成果向市场化转化提供新的途径，更好地造福人类，也标志着两所大学之间重要的新关系。"

双博士学位项目总监、曼彻斯特大学化学系尼尔·迪克森博士表示："这个项目将为下一代科学家提供独特的教育经历，曼彻斯特大学和清华大学的强强联合将为博士研究生的成长提供良好的环境，其国际视野也将为学生提供应对当前和未来全球挑战的技能。"

实际上，曼彻斯特大学与清华大学之间已有多年的合作关系并开展了许多研究合作，特别是在科学和工程领域，此次签署的双博士学位项目协议是曼彻斯特大学和清华大学合作关系的又一重要里程碑。①

五、欧盟研究生教育全球合作

从全球研究生教育发展的动向来看，2019 年度，欧盟的行动最积极，从区域一体化合作，逐渐向外拓展，并成为国际研究生教育发展新态势。

（一）欧盟启动欧洲创新校园区域一体化合作伙伴

2019 年，欧盟委员会启动了"欧洲创新校园区域一体化合作伙伴"（The European Partnership for Innovative Campus Unifying Regions）项目。该项目集结了欧洲 8 所一流大学，以期创建研究与创新领域的知识中心。同时，该项目成员本着互信、互惠与负责的精神，建立起了校际间的合作关系。这将加强博士生跨

① 强薇．曼彻斯特大学和清华大学签署双博士学位项目协议［EB/OL］．(2019-11-01)［2020-02-29］．https://3g.china.com/act/news/10000166/20191008/37176917.html.

学科、跨校的学术培养与研究合作，提升研究人员对欧洲身份的认同感。此外，该项目也将建立可持续的治理结构，以适应校际教学和研究方面的长期合作。①

（二）1800名博士候选人获得国外博士学位培训的资金

2019 年，欧盟委员会（European Commission）宣布，将投入 4.7 亿欧元，支持“玛丽·斯沃德卡—居里行动”（Marie Sklodowska-Curie Actions）计划的开展。该计划将在 56 个国家的 1389 个组织中开展，构建 128 个一流的博士研究和培训项目“创新培训网络”（Innovative Training Networks）。这些博士项目包括 16 个欧洲工业博士学位培养项目和 9 个欧洲联合培养博士学位项目，涵盖工程、通信、环境、健康和古生物学等研究领域。同时，该项目也将为 1800 多名博士研究生提供在国外完成其博士学位的培训机会，以期提高欧洲及其他地区博士课程的创新性，提升其整体质量。②

（三）日本选定第一批“伊拉斯谟联合硕士项目”

2019 年 7 月 31 日，欧盟委员会和日本文部科学省合作，启动了伊拉斯谟③联合硕士项目。这是欧盟委员会通过的第一批“伊拉斯谟 + 计划”，且由欧盟委员会与日本文部科学省共同实施和资助的项目，包括 3 个项目，即①影像与光学硕士学位项目：东芬兰大学（University of Eastern Finland）和丰桥科技大学（Toyohashi University of Technology）；②日恩—欧洲高级机器人学硕士学位项目：法国南特中央大学（Ecole Cole Centrale de Nantes）和日本庆应大学（Keio University）合作；③历史学硕士学位项目：中欧大学（Central European University，匈牙利）和东京外国语大学（Tokyo University of Foreign Studies）合

---

① European Commission. The European Partnership for Innovative Campus Unifying Regions［Z］. European Commission, 2019:1–2.

② European Commission. 1800 PhD candidates to receive funding for doctoral training abroad［EB/OL］.（2019-05-24）［2020-03-08］. https://ec.europa.eu/research/mariecurieactions/news/1800-phd-candidates-receive-funding_en0.

③ 伊拉斯谟计划（Erasmus Programme，European Community Action Scheme for the Mobility of University Students）是欧洲各共同体在 1987 年成立的一个学生交换项目。2014 年 1 月在它的基础上创建了应用于欧盟所有教育、训练及青年体育领域的交换计划 Erasmus+。其国际版为伊拉斯谟世界项目。

作。每个项目中，学生至少可以在两所大学学习，但其中一所必须在日本。学生完成学业后，将获得联合、双学位或多个硕士学位。[①]

① European Union. EU and Japan select first Erasmus Mundus Joint Master Programmes［EB/OL］.（2019-07-06）［2020-03-21］. https://eeas.europa.eu/delegations/japan_en/66030/EU%20and%20Japan%20select%20first%20Erasmus%20Mundus%20Joint%20Master%20Programmes.

第七章　全球主要国家博士研究生教育发展指数排名

科学、技术和创新是人类应对全球性未知挑战，促进世界可持续性发展的关键因素，也是国与国之间激烈竞争并抢占世界发展制高点的核心动力。博士研究生教育是国民教育体系的顶端，是国家创新型人才的战略储备和输出源泉，它在对博士研究生的科研训练过程中进行知识生产，推动社会进步，同时开拓与未来经济、社会密切相关新的研究领域，对推动社会未来创新发挥了重要作用。① 这引发了世界各国政府对博士研究生教育的重视。2015 年，在牛津大学召开的第二届博士研究生教育进展国际会议上发布的《牛津宣言》指出，“作为新知识、新观点及新方法的创造者，博士学位获得者卓有智慧、能力非凡且多才多艺，他们能够成功进入宽广的职业生涯，为技能型劳动力形成做出了重要贡献，这对 21 世纪的知识经济时代尤为关键，必须受到充分认识和广泛宣扬”。② 美国国家科学基金会（National Science Foundation, 简称 NSF）在其发布的《研究生教育投资战略框架 2016—2020》中指出：“研究生教育在推进国家科学、工程研究中起核心作用。美国要维持在世界上的领先地位就必须在科学、技术、工程和数学（STEM）领域中居于领先位置。” ③ 这些理念直接体现在世界各国在博士研究生教育投入上的快速增加，以及博士研究生教育规模的迅速扩张。以印度为例，与 2013 年相比，2017 年印度研究与发展（R&D）经费增长了 45.00%，④ 在校博士研

① OECD. Education at a Glance 2019: OECD Indicators [EB/OL] .（2019-09-10）[2020-05-01] . https://www.oecd-ilibrary.org/docserver/f8d7880d-en.pdf?expires=1584090307&id=id&accname=guest&checksum=A9318BC58326E1D55A737EA0D2A6B788.

② 王传毅，赵世奎 .21 世纪全球博士教育改革的八大趋势［ J ］. 教育研究 ,2017（2）:144–153.

③ The National Science Foundation. The National Science Foundation Strategic Framework for Investments in Graduate Education FY 2016-FY 2020. [EB/OL] . https://files.eric.ed.gov/fulltext/ED571829.pdf.

④ 国家统计局社会科技和文化产业统计司，科学技术部战略规划司 . 中国科技统计年鉴（2019）[M]. 北京：中国统计出版社，2019：269.

究生数增长了49.61%。[①]

20世纪90年代，面对全球知识经济的大浪潮，中国于1996年提出了“科教兴国”战略。此后，中国的博士研究生教育快速、积极发展，迎来了阳光明媚的春天。2000—2018年，我国博士研究生招生数、在校博士研究生数及博士学位授予人数分别增长了2.80倍、4.79倍和4.37倍，[②]中国成为世界上博士研究生教育发展速度最快的国家之一。然而，中国的博士研究生教育在规模和质量上还不能满足新时代国家战略发展对博士研究生教育的需求。为切实提升我国博士研究生教育的发展质量，本研究坚持中国问题、国际视野，构建国际博士研究生教育发展指数，以直观呈现全球主要国家博士研究生教育发展状态，为多元主体价值判断和科学决策提供客观依据。

一、博士研究生教育发展指数的内涵

博士研究生教育发展指数（Doctoral Education Development Index，缩写为DEDI）是指在一定区域和时间内博士研究生教育发展程度与趋势的状态。该内涵反映了博士研究生教育发展指数的三个基本属性，分别是“空间”“时间”和“状态”。

一是空间属性。空间属性是博士研究生教育发展指数的“参照系”。博士研究生教育发展指数可以分为不同的区域，它能反映系统要素及其结构的空间分布和延展。一般来讲，系统要素越具有普遍性，可选择的区域范围越多。与本科生教育、硕士生教育相比，博士研究生教育的共有特性更多，可比性更强。因此，博士研究生教育指数的区域范围可以指国际区域（如欧盟等）、各个国家或地区等宏观层次，国家下辖的省、自治区、直辖市等中观层次，也可指高校、学科、专业等微观层次。区域范围的大小直接影响了博士研究生教育发展指数指标的选取。总体来看，区域越大，博士研究生教育发展指数指标数据粒度越大；区域越小，博士研究生教育系统的个性特征越明显，细化程度越高，数据粒度越小。

⑤ Ministry of Human Resource Development, Government of India. All India Survey on Higher Education 2018-19［EB/OL］.（2019-08）［2019-12-11］. https://mhrd.gov.in/.

② 2000—2018年教育统计数据来自教育部发展规划司网站。

二是时间属性。时间属性是博士研究生教育发展指数的“时刻表”。时间是系统存在的基本属性，是呈现系统状态变化的时序因素。事物的状态一定是某个时间区间内的状态，离开时间系统状态将无所依附。当时间区间拉大或缩小，事物的发展状态会有所不同，有时可能是天壤之别，例如在初创时期和成熟时期，系统发展状态迥异。因此，当系统发展变化较慢时，可以选择较长的时间范畴予以监测；当系统发展变化较快时，监测的时间范畴应适时缩短，以免系统变动被拉平而造成一些重要的、关键性的差异被掩盖。博士研究生教育发展指数就是要反映特定时间范畴内的博士研究生教育发展程度和趋势，其监测时间的选取可以有多种选择，并受到区域范围等因素的影响。例如，可以选择将 1977 年作为监测起始年，因为 1977 年是我国恢复招收研究生的时间，将其作为中国博士研究生教育发展指数的基期（或者参考期）是合理的，但选择这一时间作为国际博士研究生教育发展指数的基期则不及选择 2000 年——新世纪的起始年合理。博士研究生教育发展指数可追溯的时间跨度越大，其意义越大，影响也越大。

三是状态属性。状态属性是博士研究生教育发展指数的“核心体”。状态一般是指“表征物质系统所处的状况范畴，指在一定时间内、一定的物质系统的存在方式或表现形态。”① 状态是人们感知、认识物质系统的基础，也是更好地理解、改进物质系统的前提。博士研究生教育发展状态即博士研究生教育系统要素及其相互关系在特定区域和时间范畴内的存在方式与表现形式。其中，时间、空间是博士研究生教育系统存在状态与发展趋势的刻度，发展规模、发展条件和社会贡献等则是表征博士研究生教育发展状态的核心要素。博士研究生教育规模的扩大和发展条件的改善是博士研究生教育发展的前提和基础，博士研究生教育的社会贡献则是博士研究生教育发展的目的和成果表现形式。当博士研究生教育发展的核心要素信息齐备，人们就能勾勒出博士研究生教育发展状态图谱。

博士研究生教育发展指数简单、明了、易于理解和把握博士研究生教育发展状态，能帮助人们动态监测博士研究生教育发展程度并科学预测博士研究生教育发展趋势，对推动我国博士研究生教育的高质量发展，发挥其对国家战略、经济社会发展的支撑作用具有重要意义。

① 高清海. 文史哲百科辞典［M］. 长春：吉林大学出版社，1988：385.

二、博士研究生教育发展指数模型构建

从系统理论出发，研究提取博士研究生教育发展的3个核心要素：发展规模、发展条件和社会贡献，并在此基础上构建博士研究生教育发展指数模型。

（一）表征博士研究生教育发展的核心要素

马克思主义哲学认为，矛盾是事物发展的动力，在构成事物的诸多矛盾中，主要矛盾居于支配地位并对事物的发展起决定性作用。与矛盾论思想相吻合，以色列现代管理学者高德拉特（Eliyahu M.Goldratt）提出限制理论（Theory of Constraints），认为系统虽由多要素组成，但至少包含极少数的核心要素，这些核心要素构成系统表现水平的制约，系统的“固有简单性”（inherent simplicity）概念由此而来，即极少数元素驱动或支配系统的整体表现。由这一概念引申开来，即人们与其试图顾及系统的方方面面，或者为繁杂的现象所困扰，不如全力以赴地挖掘系统的本质并抓住事物的核心要素。指数方法就是遵循这一原则，简洁、直观呈现复杂系统的发展状态。因此，构建博士研究生教育发展指数的首要工作就是要提取驱动或支撑博士研究生教育整体表现的核心要素，进而勾勒出博士研究生教育发展的大体轮廓和发展趋势，最终构建博士研究生教育发展指数模型。

从系统论视角来看，博士研究生教育发展不仅包括博士研究生教育内部系统的发展，也包括博士研究生教育内外部系统之间良性互动关系的建立（图7-1）。

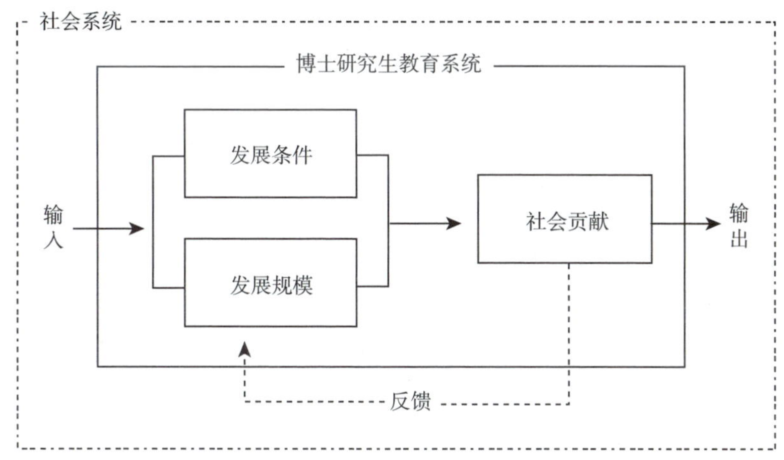

图7-1 博士研究生教育系统发展模型

图 7-1 显示，博士研究生教育系统是社会系统的一部分。在社会系统的支撑下，博士研究生教育系统获得发展条件的同时拥有一定的发展规模（输入）。在发展条件和发展规模的共同作用下，博士研究生教育系统实现其对社会的贡献（输出）。这是一条完整的单向博士研究生教育发展输入——输出链条。在此基础上，博士研究生教育系统产生的社会贡献对博士研究生教育发展条件和发展规模提供反馈。当博士研究生教育系统对社会的贡献增加时，它会加大社会系统对博士研究生教育系统的投入，实现博士研究生教育系统发展条件的改善和发展规模的扩大；博士研究生教育系统发展条件的改善和发展规模的扩大又会继续增加博士研究生教育系统的社会贡献，最终实现一个发展闭环。反之，当博士研究生教育系统对社会的贡献减少时，博士研究生教育系统则会出现发展停滞甚至倒退的现象。根据博士研究生教育系统发展模型，博士研究生教育发展的三大核心要素分别是：发展规模、发展条件和社会贡献。

1. 博士生教育发展规模（Scale，简称 S）。唯物辩证法认为，量变和质变是事物发展的两种状态，一切事物的变化发展都是首先从量变开始的，量变是质变的前提和必要准备。当量变达到一定程度时会引起质变，事物不断地在量变和质变两种状态之间转换并实现由低级到高级，由简单到复杂的螺旋式发展。博士研究生教育量的积累直接地体现为博士研究生教育规模的增长，博士研究生教育的发展须建立在一定规模的博士研究生教育基础之上。因此，没有博士研究生教育规模上的增长，就不可能有博士研究生教育质的飞跃。

2. 博士生教育发展条件（Requirement，简称 R）。内因是事物变化发展的根据，外因是事物变化发展的条件，外因通过内因起作用。博士研究生教育条件主要指促进博士研究生教育发展的内、外部因素，主要包括“人”“财”“物”三方面的投入。人力投入方面，主要指博士生导师、博士生教育行政管理人员、实验管理人员等；财力投入方面，主要指投资于博士生教育的实验设备、科学研究经费等；物力投入方面，主要指用于维持博士生教育系统运行的固定资产、教学设施、生活设施等。在三方面的投入中，“财”的投入占据首位，它是确保其他投入的基础和前提。

3. 博士生教育的社会贡献（Contribution，简称 C）。博士研究生教育的社会贡献既是博士研究生教育的目的，也是博士研究生教育成果的表现形式。博士研究生教育发展得越成熟，博士研究生教育对社会做出的贡献就越大；博士研究生

教育对社会做出的贡献越大，社会对博士生教育的认可度越高，从而为博士研究生教育发展提供更坚实有力的条件支撑。博士研究生教育的社会贡献主要体现为知识生产贡献和人力资本贡献，从博士研究生层面来看不仅包含博士研究生在读期间贡献，也包含其毕业以后的贡献。

（二）博士研究生教育发展指数模型

根据博士研究生教育发展的核心要素，同时考虑到数据的可得性，本模型确定 8 个核心指标：在发展规模方面，选取注册博士研究生数、每百万人口注册博士研究生数两个指标；在发展条件方面，选取高校教师数、R&D 经费数，以及世界一流大学数三个指标；在社会贡献方面，选取顶尖博士培养人数、近 5 年累计授予博士学位人数及近 5 年每百万人口授予博士学位人数三个指标。

研究设定博士研究生教育发展指数的取值范围为 1—10，共分为五度十级。其中，1—2，3—4，5—6，7—8，9—10 分别对应“成长度 1 型”“成长度 2 型”“成长度 3 型”“成熟度 1 型”和“成熟度 2 型”，数值越高表明博士研究生教育发展状况越好。博士研究生教育发展指数模型的各级指数特征表述见表 7-1。

表7–1 博士研究生教育发展指数模型

指数类型	指数取值范围/分	指数特征描述
成长度1型	1—2	博士研究生教育初创期：博士研究生教育发展规模小，发展条件支撑有限，博士研究生教育的社会贡献小
成长度2型	3—4	博士研究生教育发展初期：博士研究生教育发展规模有所扩大，发展条件有所改善，博士研究生教育的社会贡献有所提升
成长度3型	5—6	博士研究生教育发展中期：博士研究生教育发展规模不断扩大，发展条件持续改善，博士研究生教育的社会贡献增加明显
成熟度1型	7—8	博士研究生教育内涵式发展初期：博士研究生教育发展规模基本满足社会需求，发展条件比较充裕，博士研究生教育的社会贡献度比较高
成熟度2型	9—10	博士研究生教育内涵式发展期：博士研究生教育发展规模稳定、发展条件充裕，博士研究生教育的社会贡献度高

三、15个国家博士研究生教育发展指数

（一）研究对象

该研究综合考虑各国在全球的政治、经济、军事等方面的影响力，以及人口规模等因素，最终选取近5年来注册博士研究生数最多的15个国家作为研究对象[①]。根据联合国《人类发展报告2010》公布的发达国家和发展中国家名单，[②]15个案例国家中的美国、英国、德国、法国、日本、加拿大、澳大利亚、韩国、西班牙、波兰10个国家属于发达国家，而中国、俄罗斯、印度、巴西、土耳其5个国家属于发展中国家。

研究发现，一国的博士研究生教育规模与其在国际政治、经济、军事等方面的影响力高度相关。本研究选取的案例国家在全球政治、经济、社会等领域都具有举足轻重的作用：案例国家包含了5个联合国安全理事会常任理事国（Permanent members of the United Nations Security Council），近1/3的经济合作与发展组织（OECD）国家。2018年，案例国家国内生产总值（GDP）占世界GDP总额的72.74%，人口占世界总人口的53.33%。与之相适应，案例国家不仅在博士研究生教育规模上具有领先优势，而且是国际博士研究生教育影响力最大的国家。这15个国家的博士研究生教育发展水平呈现了全球博士研究生教育发展状态。因此研究、发布15个国家博士研究生教育发展指数对监测全球博士研究生教育发展状态，制定我国博士研究生教育发展战略具有重要意义。

实证研究所使用的数据主要来源于联合国教科文组织（UNESCO）数据库、世界银行（World Bank）数据库、OECD数据库、软科世界大学学术排名（ARWU）、《中国科技统计年鉴2019》，以及中国、印度、澳大利亚等国家教育部门官网等。

---

① 根据OECD数据库，按各国2013—2017年注册博士研究生数（enrollment at the doctoral or equivalent level）的平均数排序，选取排名前13位的国家；除此之外还有中国和印度。中国“注册博士生数”用教育部“教育统计数据”中的“在校博士生数”代替，网址：http://www.moe.gov.cn/；印度“注册博士生数”来源于印度人力资源开发部（Ministry of Human Resource Development, Government of India），网址：https://mhrd.gov.in/.

② United Nations Development Programme（UNDP）. Human Development Report 2010: the Real Wealth of Nations: Pathways to Human Development [EB/OL]（2010-11-04）[2019-12-11]. http://hdr.undp.org/sites/default/files/reports/270/hdr_2010_en_complete_reprint.pdf.

（二）计算方法

第一步，对各指标原始数据进行预处理。为解决各指标数据间量纲不同、数量级不同的矛盾，本研究首先对各指标原始数据取对数，并在此基础上采用线性规划法对数据进行处理，具体见公式（1）。

$$Z_{ij}=10\ \frac{\ln(y_{ij})}{(\ln y_i)_{\max}} \tag{1}$$

其中：Z_{ij} 为 i 国家第 j 项指标的标准得分；y_{ij} 为 i 国家第 j 项指标的得分；$(\ln y_i)_{\max}=\max\{\ln(y_{ij}), i=1,\cdots,15\}$。

第二步，分别计算发展规模指数（S_i）、发展条件指数（R_i）和社会贡献指数（C_i）。

$$S_i=W_{s1}\cdot \mathrm{SD}_i+W_{Si}\cdot \mathrm{SDP}_i \tag{2}$$

$$R_i=W_{R1}\cdot \mathrm{RT}_i+W_{R2}\cdot \mathrm{RR}_i+W_{R3}\cdot \mathrm{RU}_i \tag{3}$$

$$C_i=W_{C1}\cdot \mathrm{CT}_i+W_{C2}\cdot \mathrm{CG}_i+W_{C3}\cdot \mathrm{CGP}_i \tag{4}$$

其中：W 为权重；S_i 为 i 国发展规模指数。SD_i 为 i 国注册博士生数得分；SDP_i 为 i 国每百万人口注册博士生数得分；R_i 为 i 国发展条件指数。RT_i 为 i 国高校教师数得分；RR_i 为 i 国 R&D 经费得分；RU_i 为 i 国世界一流大学数得分；C_i 为 i 国社会贡献指数。CT_i 为 i 国顶尖博士培养人数得分；CG_i 为 i 国近 5 年累计授予博士学位人数得分；CGP_i 为 i 国近 5 年每百万人口授予博士学位人数得分。

第三步，计算博士生教育发展指数（DEDI_i）。

$$\mathrm{DEDI}_i=W_1\cdot S_i+W_2\cdot R_i+C_i \tag{5}$$

其中：DEDI_i 为 i 国博士生教育发展指数；W_1 为发展规模指数（S_i）的权重；W_2 为发展条件指数（R_i）的权重；W_3 为社会贡献指数（C_i）的权重。

（三）数据处理

1. 发展规模指数（S_i）

第一，注册博士研究生数。注册博士研究生数为各国 2017 年注册博士研究生总数。一般来讲，一个国家注册博士研究生数越多代表其博士研究生培养能力越强。

第二，每百万人口注册博士研究生数。每百万人口注册博士研究生数是各国最近一年注册博士研究生数与该国当年总人口数的比值再乘以一百万。

对注册博士研究生数、每百万人口注册博士研究生数两个指标的原始数据分别取对数，并进行线性变换，分别得到各国注册博士研究生人数得分（SD_i）和每百万人口注册博士研究生人数得分（SDP_i）。根据公式（2）等权重计算得出发展规模指数（S_i）。

2. 发展条件指数（R_i）。在博士研究生教育发展条件中，人、财、物是最基本的表现形式。选取高校教师数、R&D 经费数，以及世界一流大学数作为人、财、物的表征指标。

第一，高校教师数[①]。博士研究生导师数是确保博士研究生教育顺利开展至关重要的“人力”保障。就目前掌握的数据资料来看，国际上并没有哪个数据库对各国博士研究生导师数予以统计，因此，以各国 2017 年的高校教师数作为替代指标。

第二，R&D 经费数[②]。在确保博士研究生教育顺利开展的条件中，经费是最重要的支撑条件和资本要素，其中，R&D 经费数通常被用于衡量一国研究经费的充足程度。本研究的 R&D 经费数指各国 2017 年 R&D 经费总额。

第三，世界一流大学数[③]。本研究中的世界一流大学数为各国在 2019 年 ARWU 排名中排名前 500 的大学数。

分别对高校教师数、R&D 经费数及世界一流大学数取对数，再利用线性规划

① “高校教师数”取自 UNESCO 数据库中的“Teachers in tertiary education programmes”，网址 http://data.uis.unesco.org/。其中，加拿大 2017 年数据缺失，用 2016 年数据代替；法国数据缺失，用 2013 年数据代替；波兰数据来源于 OECD 数据库；中国数据来源于教育部“教育统计数据”中的“高等教育学校（机构）教职工情况（总计）中专任教师数”，网址：http://www.moe.gov.cn/；澳大利亚数据取自澳大利亚教育、技能和就业部（The Australian Government Department of Education, Skills and Employment）中的“Actual staff FTE”，网址 :https://docs.education.gov.au/node/51716.

② R&D 经费数取自《中国科技统计年鉴 2019》。

③ 世界一流大学数取自软科世界大学学术排名（ARWU）。需特别说明的是，文中涉及的中国数据都特指中国内地的统计数据，不包含中国香港、澳门、台湾等地的数据。

法做相应的数据处理，得到各国高校教师数得分（RT_i）、R&D 经费得分（RR_i），以及世界一流大学数得分（RU_i）。根据公式（3）等权重计算得出发展条件指数（R_i）。

3. 社会贡献指数（Ci）。博士研究生教育的社会贡献主要体现在知识生产贡献和人力资本贡献两方面。研究主要选取顶尖博士培养人数、近 5 年累计授予博士学位人数、近 5 年每百万人口授予博士学位人数作为表征指标。

第一，顶尖博士培养人数。知识主要由知识精英创造。世界各国培养的顶尖博士是推动人类知识发展的重要力量。众所周知，诺贝尔奖和菲尔兹奖是举世公认的国际大奖，是对在世界知识生产和人类发展进步中做出卓越贡献者的表彰。研究追溯历年来诺贝尔奖获得者①和菲尔兹奖获得者②的博士学位来源国家信息，将该国为这两项国际大奖获得者提供博士学位的人数作为该国对世界知识生产贡献的表征指标。在数据处理上，对各国培养的两大奖项获得者指标原始数据分别取对数和线性变换处理，并等权重求和获得各国顶尖博士培养人数得分（CT_i）。

第二，近 5 年累计授予博士学位人数③。对博士学位提出“创新性”的具体要求是国际通行做法。从这个角度来看，授予博士学位人数即代表了各国博士研究生教育为社会人力资本做出的贡献程度。研究选取 2013—2017 年各国累计授予博士学位人数作为表征指标。

第三，近 5 年每百万人口授予博士学位人数。每百万人口授予博士学位人数衡量的是一定时间内博士人才在社会人力资本中的占比。将 2013—2017 年各国累计授予博士学位人数除以 2017 年各国人口数再乘以 100 万，得到近 5 年每百万人口授予博士学位人数。

分别对顶尖博士培养人数、近 5 年累计授予博士学位人数及近 5 年每百万人口授予博士学位人数取对数，再利用线性规划法进行处理，得到各国顶尖博士

① 本文对历年来诺贝尔奖获得者博士学位来源国家进行统计，统计时间为1901—2019年，统计对象为诺贝尔物理学奖、诺贝尔化学奖、诺贝尔生理学或医学奖、诺贝尔经济学奖四类。

② 本文对历年来菲尔兹奖获得者博士学位来源国家进行统计，统计时间为 1936—2018 年。

③ 除中国和印度，各国博士学位授予人数数据取自OECD数据库中的“graduates at doctoral or equivalent level”。对 OECD 数据库中的缺失数据处理如下：巴西、波兰 2013 年数据缺失，分别按其 2014—2017 年年均增长率估算；日本 2014 年数据缺失，用日本 2013 和 2015 年授予博士学位人数的平均值代替。

培养人数得分（CT_i）、近5年累计授予博士学位人数得分（CG_i）以及近5年每百万人口授予博士学位人数得分（CGP_i）。根据公式（4）等权重计算得出社会贡献指数（R_i）。

4. 博士研究生教育发展指数（$DEDI_i$）。在发展规模指数（S_i）、发展条件指数（R_i）及社会贡献指数（C_i）的基础上，根据公式（5）计算博士研究生教育发展指数 $DEDI_i$。研究采取等权重，即 W_1、W_2、W_3 均取值1/3。

（四）结果与分析

经计算得出世界主要国家博士研究生教育发展指数（表7-2）。

表7–2　世界主要国家博士研究生教育发展指数

序号	国家名称	发展规模	发展条件	社会贡献	总指数	发展度
1	美国	9.48	9.99	9.72	9.73	成熟度2型
2	德国	9.77	7.79	8.51	8.69	成熟度1型
3	英国	9.32	7.22	8.90	8.48	
4	法国	8.78	6.88	8.33	8.00	
5	日本	8.56	7.55	7.19	7.77	
6	俄罗斯	8.69	5.50	7.83	7.34	
7	加拿大	8.93	6.48	5.44	6.95	成长度3型
8	西班牙	9.08	5.98	5.22	6.76	
9	中国	8.58	9.01	2.26	6.61	
10	澳大利亚	9.23	5.56	4.92	6.57	
11	韩国	9.06	6.71	2.71	6.16	
12	巴西	8.58	5.82	3.48	5.96	
13	土耳其	8.98	4.62	4.15	5.92	
14	波兰	8.69	4.78	4.10	5.86	
15	印度	7.76	4.76	1.77	4.76	成长度2型

1. 15个国家博士研究生教育发展代表了世界博士研究生教育发展格局。15个国家是世界博士研究生教育的重镇，引领了世界博士研究生教育的发展。2017年，15个国家的注册博士研究生数共计193.32万人，是OECD国家注册博士研究生人

数的 1.25 倍；2017 年，15 个国家的高校教师数共计 779.45 万人，占世界高校教师总数的 59.20%；2019 年，ARWU 排名前 500 的世界一流大学中，15 个国家有 375 所，占 500 强大学中的 75.00%；1901—2019 年，15 个国家在博士层次培养诺贝尔物理学奖、化学奖、生理学或医学奖及经济学奖获得者共计 570 人，占世界各国培养总数的 83.00%；1936—2018 年，15 个国家在博士层次培养菲尔兹奖获得者共计 51 人，占世界各国培养总数的 85%。由此可见，15 个国家的博士研究生教育发展在很大程度上代表了世界博士研究生教育发展的格局，深入分析 15 个国家的博士研究生教育发展状态对监测国际博士研究生教育发展态势具有重要意义。

2. 发达国家与发展中国家的博士研究生教育发展差异显著。对照博士研究生教育发展指数模型，15 个国家的博士研究生教育发展分属于成熟度 2 型、成熟度 1 型、成长度 3 型和成长度 2 型四个类型。研究结果显示发达国家与发展中国家之间存在较大差异。首先，发达国家位于世界博士研究生教育发展的顶端。美国、德国、英国、法国和日本 5 个国家的博士研究生教育发展指数位居世界前 5 名，尤其是美国，指数分值遥遥领先于世界各国。其次，发展中国家基本都属于博士生教育成长型国家，且指数分值整体较低。一是在发展中国家中，只有俄罗斯跻身成熟度 1 型国家，发展中国家的指数排名整体靠后。二是在 15 个国家中，印度博士研究生教育发展指数分值最低，是 15 个国家中唯一属于成长度 2 型的国家。最后，发展中国家与发达国家之间的差距突出表现在社会贡献分值上，这主要是因为发达国家的博士研究生教育发展历史比发展中国家更久远，而博士研究生教育的社会贡献更多的是历史积累的结果。

3. 美国的博士研究生教育发展水平最高，印度的博士研究生教育发展水平最低但具有良好的发展趋势。结果显示，美国的博士研究生教育发展指数得分最高，代表了世界博士研究生教育发展的最高水平。综合分析发现，美国的博士研究生教育在发展规模、发展条件和社会贡献三方面全面发展，实现了三者之间的良性互动。具体表现为美国的发展规模指数分值略低于德国，位居世界第二；美国的发展条件和社会贡献指数分值位居世界第一。深入分析发现，除了注册博士研究生数、高校教师数指标得分略低于中国，美国在 R&D 经费数、世界一流大学数、顶尖博士培养人数、近 5 年累计授予博士学位人数 4 个指标上占据绝对优势，分别是排在第二位的国家的 2.16 倍、2.36 倍、3.26 倍和 1.25 倍。例如，2019 年，在 ARWU 排名前 500 的世界一流大学中，美国的大学占近 1/3；在世界各国博士层次培养的诺贝尔奖获得者中，美国的大学或机构占 4/9；在各国博士层次培养的菲尔兹奖获得者中，美国的大学或机构占 1/3。美国在世界博士研究生教育发展中发挥着引领示范作用。

印度的博士研究生教育发展指数分值最低，属于案例国家中唯一的成长度 2 型国家。综合分析，印度在注册博士研究生数、高校教师数及近 5 年累计授予博士学位人数指标上得分较高，分别居 15 个国家中的第四位、第三位和第六位，但在每百万人口注册博士研究生数、R&D 经费数、世界一流大学数、顶尖博士培养人数及近 5 年每百万人口授予博士学位人数等指标上表现较差，分别位居 15 个国家的倒数第一、倒数第四、倒数第一和倒数第一。但是，印度博士研究生教育有良好的发展趋势。2013—2017 年，印度的注册博士研究生数增长了 49.61%，其增长率是中国的 2 倍；2013—2017 年，印度的 R&D 经费数增长了 45.00%，其增长率接近中国。笔者预测，未来的博士研究生教育发展中，印度将是一支不可小觑的力量，近期会有一个快速发展。

4. 中国博士研究生教育发展表现出一定的优势与明显的不足。通过国际主要国家博士研究生教育发展指数排名，把中国博士研究生教育发展指数与联合国其他 4 个常任理事国进行比较（图 7-2），得出一优势两不足的结论。

中国博士研究生教育的相对发展规模较小

优势方面，中国的博士研究生教育绝对发展规模和发展条件分值较高：中国的注册博士研究生数及高校教师数指标得分已超过美国，居世界第一[①]；中国的 R&D 经费数、近 5 年累计授予博士学位人数、世界一流大学数等指标得分低于美国，居世界第二。

不足之一，中国博士研究生教育的相对发展规模较小，发展条件较差。中国在每百万人口注册博士研究生数、近 5 年每百万人口授予博士学位人数等指标上

① 截至当前，世界上并没有完整的注册博士研究生数数据库。本研究中的中国注册博士研究生数指的是中国教育部公布的“在校博士研究生数”，而美国注册博士研究生数来源于 OECD 数据库，数据统计口径有一定差别，特此申明。

与联合国其他 4 个常任理事国相比差距明显。例如，2017 年，中国每百万人口注册博士研究生 261 人，俄罗斯、法国、美国、英国分别为 687 人、1000 人、1080 人和 1700 人，中国仅占英国的 15.35%；再比如，中国近 5 年每百万人口授予博士学位 197 人，法国、美国、俄罗斯、英国分别为 1010 人、1052 人、1141 人和 2014 人，中国仅占英国的 9.78%。

不足之二，中国的质量型指标——顶尖博士培养人数得分最低，与其他 4 个国家相比差距明显。诺贝尔奖和菲尔兹奖获得者博士学位来源为中国、俄罗斯、法国、英国和美国的分别是 0 人、17 人、55 人、99 人和 323 人，中国尚未实现零的突破。这虽然是历史性因素导致的结果，但也为中国未来博士研究生教育的发展指明了方向。综合以上分析，建议中国未来博士研究生教育发展要实行“两条腿走路”方略：既要扩大博士研究生教育发展规模，改善博士研究生教育发展条件，又要提升博士研究生教育的社会贡献能力和水平。中国博士研究生教育发展的不足多是历史原因造成的，未来中国的博士研究生教育发展将有很大的发展空间。

中国的质量型指标——顶尖博士培养人数得分最低

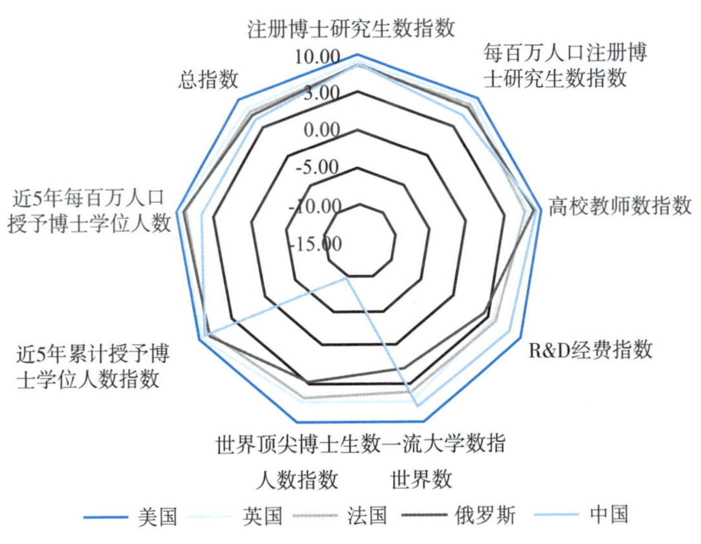

图7-2 联合国5个常任理事国博士研究生教育发展指数雷达图

四、结语

通过构建“五度十级”的国际博士研究生教育发展指数模型，对世界上博士研究生教育规模最大且影响力最大的 15 个国家进行了实证分析。研究结果显示：① 15 个国家博士研究生教育发展奠定了世界博士生教育发展格局，它们是世界博士研究生教育发展的重镇，是引领世界博士研究生教育发展的主要力量；②各国的博士研究生教育发展水平同其经济发展水平相匹配，发达国家与发展中国家的博士研究生教育发展差异明显；③美国代表了世界博士研究生教育发展的最高水平，印度的博士研究生教育发展指数分值最低，但其具有良好的发展势头；④中国的博士研究生教育发展具有一定的优势与明显的不足。

国际博士研究生教育发展指数的实证研究充分验证了博士研究生教育发展指数模型的合理性、可行性，同时展示出博士研究生教育质量指数的广阔的发展空间。伴随着经济、政治、社会等各项事业的高速发展，我国的博士研究生教育也经历了跨越式的发展。站在新的历史起点，展望未来，我们应加快总结国内外博士研究生教育发展经验，明晰我国博士研究生教育发展中的“卡脖子”问题，同时科学预测未来我国博士研究生教育发展图景，加快建设研究生教育强国。

主要参考文献

［1］王战军. 中国学位与研究生教育40年（1978—2018）［M］. 北京:中国科学技术出版社，2018.

［2］王战军. 中国研究型大学建设与发展［M］. 北京：高等教育出版社,2003.

［3］王战军，张微. 70年探索奋斗：中国研究生教育发展规律与启示.［J］.学位与研究生教育，2019（9）：43–48.

［4］2019年中国研究生教育十大热点［J］.中国研究生，2020（1）：2–7.

［5］卫兴华同志生平［J］.政治经济学评论，2020，11（1）:3–6.

［6］张燕. 卫兴华：学以经世，学以育人［J］.支部建设,2019（31）:10–12.

［7］李明磊，王战军. 改革开放以来中国研究生教育管理:成就与挑战［J］. 清华大学教育究,2019,40（5）:105–111.

［8］郭晓琳，胡蕴纹，杜娟，等. 探析高等学校研究生院设置现状与发展挑战［J］. 上海研究生教育.2018（3）：17–20.

［9］王战军，李明磊. 研究生质量评估:模型与框架［J］. 高等教育研究，2012，33（3）:54—58.

［10］王传毅，赵世奎.21世纪全球博士教育改革的八大趋势［J］.教育研究，2017（2）：144—153.

［11］European Commission. The European Partnership for Innovative Campus Unifying Regions［Z］. European Commission, 2019:1–2.

［12］国家统计局社会科技和文化产业统计司，科学技术部战略规划司.中国科技统计年鉴（2019）［M］.北京：中国统计出版社，2019.

［13］高清海.文史哲百科辞典［M］.吉林：吉林大学出版社，1988.

［14］I-GO. International Graduate Outcomes 2019: What do International Graduate do?［R］. Universities UK, 2019.

［15］Ministry of Human Resource Development. All India Survey on Higher Education 2018—2019［R］. Ministry of Human Resource Development, 2019.

[16] 教育部，国家统计局，财政部. 关于2018年全国教育经费执行情况统计公告［EB/OL］.（2019–09–26）［2020–04–08］.http://www.moe.gov.cn/srcsite/A05/s3040/201910/t20191016_403859.html.

[17] 国家统计局，科学技术部，财政部. 2018年全国科技经费投入统计公报［EB/OL］.（2019–08–30）［2020–04–08］.http://www.stats.gov.cn/tjsj/tjgb/rdpcgb/qgkjjftrtjgb/201908/t20190830_1694754.html.

[18] 中共教育部党组. 中共教育部党组关于印发《“新时代高校思想政治理论课创优行动”工作方案》的通知［EB/OL］.（2019-09-09）［2020-05-15］.http://www.moe.gov.cn/srcsite/A13/moe_772/201909/ t20190916_399349.html.

[19] 国家自然科学基金委员会.国家自然科学基金资助项目统计资料（2019年度）［EB/OL］.（2020-01-19）［2020-04-08］.http://www.nsfc.gov.cn/nsfc/cen/xmtj/pdf/2019_table.pdf.

[20] 教育部办公厅.教育部办公厅关于进一步规范和加强研究生培养管理的通知［EB/OL］.（2019-02-26）［2020-01-06］.http://www.moe.gov.cn/srcsite/A22/moe_826/201904/t20190412_377698.html.

[21] 教育部.国务院教育督导委员会办公室对2018年博士学位论文抽检发现问题突出的高等学校和研究院所进行集体约谈［EB/OL］（2019-11-14）［2020-01-06］.http://www.moe.gov.cn /jyb_xwfb/gzdt_gzdt/s5987/201911/t20191114_408263.html.

[22] 教育部.中山大学坚持与国家战略和区域发展同频共振 推动研究生教育内涵建设［EB/OL］.（2020-03-02）［2020-03-16］.http://www.moe.gov.cn/jyb_sjzl/s3165/202003/t20200302_426396.html.

[23] 教育部.教育部等七部门印发《关于加强和改进新时代师德师风建设的意见》健全师德师风建设长效机制［EB/OL］.（2019-12-16）［2020-01-06］.http://www.moe.gov.cn/jyb_xwfb/ gzdt_gzdt/s5987/201912/t20191216_412125.html.

[24] 教育部.教育部公开曝光10起违反教师职业行为十项准则典型案例［EB/OL］.（2019-12-07）［2020-05-15］.http://www.moe.gov.cn/jyb_xwfb/gzdt_gzdt/s5987/201912/t20191205_410994.html.

[25] 教育部.教育部公开曝光8起违反教师职业行为十项准则典型案例［EB/OL］.（2019-07-31）［2020-05-15］.http://www.moe.gov.cn/jyb_xwfb/gzdt_gzdt/s5987/201907/t20190731_393178.html.

［26］教育部.教育部公开曝光4起违反教师职业行为十项准则典型案例［EB/OL］.（2019-04-03）［2020-01-06］.http://www.moe.gov.cn/jyb_xwfb/gzdt_gzdt/s5984/201904/t20190403_3176596.html.

［27］教育部.2019年教育部定点扶贫工作推进会召开［EB/OL］.（2019-11-08）［2020-01-06］.http://www.moe.gov.cn/jyb_xwfb/gzdt_gzdt/moe_1485/201911/t20191108_407514.html.

［28］研究生司.中国农业大学研究生深入扶贫一线助力脱贫攻坚主战场［EB/OL］.（2019-05-30）［2020-01-06］.http://www.moe.gov.cn/s78/A22/moe_847/201905/t20190530_383717.html.

［29］研究生司.南京农业大学探索研究生教育助力脱贫攻坚新模式［EB/OL］.（2019-04-01）［2020-01-06］.http://www.moe.gov.cn/s78/A22/moe_847/201904/t20190401_376251.html

［30］候雪静.黄文秀被追授“全国脱贫攻坚模范”称号［EB/OL］.（2019-06-28）［2020-01-06］.http://www.xinhuanet.com/2019-06/28/c_1124685049.htm.

［31］郎朗，杨雨奇. 2020年考研今起开考：341万人报名　创历史新高［EB/OL］.（2019-12-21）［2020-01-06］.http://www.chinanews.com/gn/2019/12-21/9039649.shtml.

［32］教育部.教育部公布2020年研考违规违法行为举报电话 提醒广大考生知法守法诚信考试［EB/OL］.（2019-12-05）［2020-01-06］.http://www.moe.gov.cn/jyb_xwfb/gzdt_gzdt/s5987/ 201912/t20191218_412483.html.

［33］谈洁.研究生不好混了！2019年江苏分流淘汰研究生758人［EB/OL］.（2019-12-25）［2020-01-06］.http://www.njdaily.cn/2019/1225/1819056.shtml.

［34］陈鹏.近30所高校清退1300多名研究生——让严进严出成为研究生培养常态［EB/OL］.（2019-12-24）［2020-01-06］.http://news.gmw.cn/2019-12/24/content_33424084.htm.

［35］教育部.对十三届全国人大二次会议第7079号建议的答复［EB/OL］.（2019-10-16）［2020-01-06］.http://www.moe.gov.cn/jyb_xxgk/xxgk_jyta/jyta_kjs/201910/t20191016_403748.html.

［36］邱晨辉.中科院：严肃查处学术不端　真正起到震慑效果［EB/OL］.（2019-09-11）［2020-03-25］.http://zqb.cyol.com/html/2019-09/11/nw.D110000zgqnb_20190911_4-04.htm.

［37］中国学位与研究生教育学会.教育规律研讨会暨《教育规律读本》出版座谈会在京召开

［EB/OL］.（2019-05-25）［2020-01-06］.http://www.csadge.edu.cn/info/zxhdt/3349.

［38］北京理工大学研究生教育研究中心.北京理工大学举办第二届研究生教育学国际会议［EB/OL］.（2019-10-30）［2020-01-06］.http://rw.bit.edu.cn/rwzt/qzjy20znzt/166545.htm.

［39］马万里，任政.见证研究生教育学国际化——高等教育研究院马永红教授师生一行参加第二届研究生教育学国际会议［EB/OL］.（2019-10-12）［2020-01-06］.http://www.hss.buaa. edu.cn/info/1102/3865.htm.

［40］周世祥.聚集研究生教育发展　第二届研究生教育学国际会议在京召开［EB/OL］.（2019-10-19）［2020-05-06］.https://baijiahao.baidu.com/s?id=1647783087382778042&wfr=spider&for=pc.

［41］唐景莉，韩晓萌，颜梅.用学识和人格魅力滋养学生——记“人民教育家”国家荣誉称号获得者卫兴华［EB/OL］.（2019-10-08）［2020-02-26］.http://www.moe.gov.cn/s78/A10/moe_601/201910/t20191008_402113.html.

［42］中国人民大学.教师风采［EB/OL］.（2012-09-12）［2020-02-26］. https://www.ruc.edu.cn/archives/18454.

［43］洪银兴.在创新中严守马克思主义科学阵地——“人民教育家”卫兴华教授学术成就简述［EB/OL］.（2019-11-26）［2020-02-26］.https://dangjian.gmw.cn/2019-11/26/content_33351326.htm.

［44］姚晓丹.卫兴华：真理在交锋中迸出火花［EB/OL］.（2019-09-29）［2020-02-26］.http://news.gmw.cn/2019-09/29/content_33196275.htm.

［45］王俊.“人民教育家”卫兴华去世，曾言最怕听到“泰斗”叫法［EB/OL］.（2019-12-06）［2020-02-26］.http://www.bjnews.com.cn/news/2019/12/06/658566.html.

［46］教育部. 质量为先 实现来华留学内涵式发展——教育部国际司负责人就来华留学相关问题答记者问［EB/OL］.（2019-07-20）［2020-02-22］. http://www.moe.gov.cn/jyb_xwfb/s271/201907/ t20190719_391532.html.

［47］教育部. 质量为先 实现来华留学内涵式发展——教育部国际司负责人就来华留学相关问题答记者问［EB/OL］.（2019-07-20）［2020-02-22］. http://www.moe.gov.cn/jyb_xwfb/s271/201907/t20190719 _391532. html.

［48］教育部. 教育部关于取消一批证明事项的通知［EB/OL］.（2019-04-02）［2019-03-

21］. http://www.moe.gov.cn/srcsite/A02/s7049/201904/t20190423_379235.html.

［49］国家留学基金管理委员会. 2019年国家建设高水平大学公派研究生项目选派办法［EB/OL］.（2018-12-24）［2019-12-03］.https://www.csc.edu.cn/article/1410.

［50］国家留学基金管理委员会. 2018年国家建设高水平大学公派研究生项目选派办法［EB/OL］.（2018-01-10）［2019-12-02］ https://www.csc.edu.cn/article/1129.

［51］刘婧雯. 我校启动中挪俄三方联合培养硕士项目［EB/OL］.（2019-09-10）［2020-02-29］. https://rus.ecnu.edu.cn/t/8403.

［52］强薇. 曼彻斯特大学和清华大学签署双博士学位项目协议［EB/OL］.（2019-11-01）［2020-02-29］. https://3g.china.com/act/news/10000166/20191008/37176917.html.

［53］华东师范大学新闻中心.新时代研究生思想政治工作理论和实践创新”学术研讨会暨32届学生思想政治工作年会召开.［EB/OL］.（2019-12-10）［2020-05-15］.https://news.ecnu.edu.cn/e4/9f/c1833a255135/page.htm.

［54］教育部办公厅. 教育部办公厅关于公布首批高校“百个研究生样板党支部”“百名研究生党员标兵”创建名单的通知［EB/OL］.（2019-01-20）［2020-05-15］. http://www.moe.gov.cn/srcsite/A12/moe_1416/s255/201902/t20190201_368792.html.

［55］教育部. 突出党的政治建设 紧扣立德树人根本任务［EB/OL］.（2019-09-11）［2020-05-15］.http://www.moe.gov.cn/jyb_xwfb/moe_2082/zl_2019n/2019_zl43/201909/t20190911_398720.html.

［56］王可佳.深圳研究生院多种形式开展“不忘初心，牢记使命”主题教育集中学习活动.［EB/OL］.（2019-10-15）［2020-05-15］.http://news.pkusz.edu.cn/news/2019/1015/8720.html.

［57］汤赛南.好师德 好老师 好教育 好世界［EB/OL］.（2019-12-26）［2020-05-17］. http://www.moe.gov.cn/jyb_xwfb/moe_2082/zl_2019n/2019_zl98/201912/t20191226_413573.html.

［58］奚爱国.尊重规律 让时代师德师风建设回归教育本质［EB/OL］.（2019-12-26）［2020-05-16］. http://www.moe.gov.cn/jyb_xwfb/moe_2082/zl_2019n/2019_zl98/201912/t20191226_413572.html.

［59］强薇.曼彻斯特大学和清华大学签署双博士学位项目协议［EB/OL］.（2019-10-08）［2020-05-16］. https://baijiahao.baidu.com/s?id=1646822010021985349&wfr=spider&for=pc.

［60］教育部. 质量为先 实现来华留学内涵式发展——教育部国际司负责人就来华留学相关问题答记者问［EB/OL］.（2019-07-20）［2020-05-17］.http://www.moe.gov.cn/jyb_xwfb/s271/201907/t20190719_391532.html.

［61］研究生司.中山大学发挥学科优势助力定点扶贫［EB/OL］.（2019-04-23）［2020-01-06］.http://www.moe.gov.cn/s78/A22/moe_847/201904/t20190423_379182.html.

［62］The National Science Foundation. The National Science Foundation Strategic Framework for Investments in Graduate Education FY 2016-FY 2020.［EB/OL］.（2016-06-21）［2020-02-01］.https://files.eric.ed.gov/fulltext/ED571829.pdf.

［63］Council of Graduate Schools. A Position Statement The Future of Graduate Education Is the Future of America: A Call to Action［EB/OL］.（2019-07-08）［2020-05-17］. https://cgsnet.org/sites/default/files/CGS_Position_Statement_Student_Loan_Interest_Rates.pdf.

［64］Yojana Sharma. China Shifts from Reliance on International Publications［EB/OL］.（2020-02-05）［2019-03-09］.https://www.universityworldnews.com/post.php?story=20200225181649179.

［65］Wang Mingjie. Universities in China Climb Global Rankings List［EB/OL］.（2020-02-19）［2020-03-21］. http://www.chinadaily.com.cn/a/202002/19/WS5e4c8e9ca310128217278962.html.

［66］Yojana Sharma. US Export Controls Raise Research Collaboration Concerns［EB/OL］.（2019-06-25）［2020-03-01］. https://www.universityworldnews.com/post.php?story=20190625091615818.

［67］Brendan O' Malley. Intelligence Agencies Warn Universities of China Threat［EB/OL］.（2019-11-02）［2020-03-01］. https://www.universityworldnews.com/post.php?story=20191101144452131.

［68］Futao Huang. Doctoral Education Needs Reform to Compete Internationally［EB/OL］.（2019-07-06）［2020-03-09］. https://www.universityworldnews.com/post.php?story=20190701120758605.

［69］Jan Petter Myklebust. First Graduate School Programme on SDGs Hugely popular［EB/OL］.（2020-01-25）［2020-03-09］. https://www.universityworldnews.com/post.php?story=20200123101649218.

[70] European Commission.1800 PhD candidates to receive funding for doctoral training abroad [EB/OL]. (2019-05-24) [2020-03-08]. https://ec.europa.eu/research/mariecurieactions/news/1800-phd-candidates-receive-funding_en .

[71] OECD. Education at a Glance 2019: OECD Indicators [EB/OL]. (2019-09-10) [2020-05-01] .https://www.oecd-ilibrary.org/docserver/f8d7880d-en.pdf?expires=1584090307&id=id&accname=guest&checksum=A9318BC58326E1D55A737EA0D2A6B788.

[72] United Nations Development Programme (UNDP). Human Development Report 2010: the Real Wealth of Nations: Pathways to Human Development [EB/OL]. (2010-11-04) [2019-12-11]. http://hdr.undp.org/sites/default/ files/reports/270/hdr_2010_en_complete_reprint.pdf.

[73] Yojana Sharma. India in 'Initial Stages' of Higher Education Massification [EB/OL]. (2019-11-28) [2020-01-02] .https://www.universityworldnews.com/post.php?story=20191128104421724.

附　录

附录一　2019年中国学位与研究生教育质量要事志

1 月 25 日

教育部办公厅公布了首批高校“百个研究生样板党支部”“百名研究生党员标兵”创建名单。此次活动经组织推荐、专家通讯评审、教育部党建工作领导小组成员单位集中审议、结果公示，遴选产生了北京大学心理与认知科学学院学硕党支部等 97 个研究生样板党支部，评选出陈善恩等 100 名研究生党员标兵。

97个研究生样板党支部100名研究生党员标兵

2 月 26 日

教育部办公厅下发教研厅 1 号文件《教育部办公厅关于进一步规范和加强研究生培养管理的通知》。通知从切实落实质量保证主体责任；突出立德树人根本任务和要求，严格执行培养制度；狠抓学位论文和学位授予管理；切实加强导师队伍建设；健全预防和处置学术不端的机制；切实增强教育行政部门督导监管责任；强化学位论文抽检结果使用；加大评估和问题单位惩戒力度八方面，要求进一步规范和加强研究生培养管理。

《教育部办公厅关于进一步规范和加强研究生培养管理的通知》下发

4 月 2 日

国务院学位委员会、教育部下发通知，部署学位授权点合格评估抽评工作。此次评估工作中，2014 年参加合格评估的学位授权点、具有博士学位授权的学位授权点抽评由国务院学位委员会办公室组织实施，确定抽评博士点名单，委托国务院学位委员会学科评议组和全国专业学位研究生教育指导委员会开展评估。未获得博士学位授权的硕士学位授权点抽评由各省级学位委员会组织实施。军队系统的博士、硕士学位授权点抽评由中国人民解放军学位委员会组织实施。评估范围是：除工程类别专业学位授权点、已经国务院学位委员会审批同意撤销的学位授权点、已上报的拟撤销或调整的学位授权点，其他自评结果为“合格”的学位授权点均纳入抽评范围。未开展自我评估的学位授权点，视为自动放弃学位授权，按不合格学位授权点认定，不纳入抽评范围。

未开展自我评估的学位授权点，视为自动放弃学位授权

4 月 2 日

国务院学位委员会等部署2019年的学位授权点专项评估工作

国务院学位委员会、教育部下发了《关于开展 2019 年学位授权点专项评估工作的通知》，部署 2019 年的学位授权点专项评估工作。2019 年学位授权点专项评估的对象是 2015 年获得授权且未调整的学位授权点，即同济大学、上海交通大学、华东理工大学、华东师范大学、江南大学、南京师范大学、安徽大学、华南理工大学、华南师范大学 9 所高校的相关博士学位授权点；上海交通大学、华东理工大学、上海电力学院、上海应用技术大学、上海体育学院、苏州大学、常州大学、江南大学、南京林业大学、南通大学、合肥工业大学、安徽工业大学、安徽理工大学、安徽工程大学、安徽农业大学、华南理工大学、广东海洋大学、广州医科大学、广东药科大学、广东技术师范学院、安徽建筑大学、广东工业大学 22 所高校的相关硕士学位授权点；河北北方学院、上海海洋大学、江苏大学、南通大学、安徽大学、安徽工业大学、安徽财经大学、中山大学、暨南大学、汕头大学、华南理工大学、广东药科大学、天津城建大学、中共中央党校（国家行政学院）14 所高校相关的硕士专业学位授权点。专项评估工作由国务院学位委员会办公室负责，委托国务院学位委员会学科评议组和全国专业学位研究生教育指导委员会组织实施，主要检查学位授权点研究生培养体系和内部质量保证体系的完备性，以及研究生培养全过程管理执行情况，包括师资队伍（队伍结构、导师水平、师德师风）、人才培养（招生选拔、培养方案、课程教学、学术训练或实践教学、学位授予）和质量保证（制度建设、过程管理、学风教育）等。国务院学位委员会根据评估结果，对参评点分别做出继续授权、限期整改或撤销学位授权的处理决定。评估结果及处理决定向社会公开。

5月6日

国务院学位委员会下达了工程硕士、博士专业学位授权点对应调整的名单。通知中还规定，2019 年招生及已入学的工程硕士、工程博士研究生仍按调整前的工程领域进行培养和学位授予。自 2020 年起，按照调整后的专业学位类别进行招生、培养和学位授予。

5月6日

国务院学位委员会下达了 2018 年动态调整撤销和增列的学位授权点名单。此次调整中，全国共撤销了 489 个学位授权点，增列了 218 个学位授权点。

撤销了489个学位授权点，增列了218个学位授权点

5月6日

国务院学位委员会下达了 2018 年现有学位授权自主审核单位撤销和增列的学位授权点名单。南京大学、中国科学院大学共撤销了 10 个学位授权点，北京大学、清华大学、北京航空航天大学、中国农业大学、北京师范大学、南开大学、天津大学、吉林大学、哈尔滨工业大学、同济大学、上海交通大学、南京大学、浙江大学、中国科学技术大学、厦门大学、武汉大学、西安交通大学、中国科学院大学 18 所高校共增列了 28 个学位授权点。

自主审核单位撤销了10个学位授权点，增列了28个学位授权点

5月6日

国务院学位委员会、教育部下达了2018年学位授权点专项评估结果及处理意见。太原理工大学、山东大学、海南大学3个参评单位的3个博士学位授权一级学科博士点全部合格；北京信息科技大学、中国科学院大学、山西医科大学、大连大学、黑龙江大学、安徽医科大学、福建师范大学、云南艺术学院、陕西中医药大学、延安大学、宁夏医科大学11个参评单位的11个硕士学位授权一级学科硕士点被评为“合格”，2个硕士点被评为“不合格”；29个硕士专业学位授权点的评估结果为“不合格”，43个硕士专业学位授权点评估结果为“限期整改”；北京航空航天大学、中国农业大学、中国青年政治学院、南开大学、辽宁中医药大学、上海体育学院、南京理工大学、中国科学技术大学、安徽中医药大学、山东农业大学、聊城大学、烟台大学、中国地质大学、中山大学、重庆大学、重庆医科大学、西南大学、西南交通大学18个学位授予单位主动放弃了18个学位授权点的授权。通知中还规定，评估结果为“合格”的学位授权点，可继续行使学位授权。评估结果为“限期整改”的学位授权点，要进行为期2年的整改，2019年招生工作结束后暂停招生。整改结束后接受复评，复评结果为“合格”的恢复招生，复评结果达不到“合格”的撤销学位授权。学位授予单位主动提出放弃授权的学位授权点和评估结果为“不合格”的学位授权点，撤销学位授权，5年之内不得重新申请，2019年招生工作结束后不得招生，在学研究生按原渠道培养、授予学位。

29个硕士专业学位授权点的评估结果为“不合格”

43个硕士专业学位授权点评估结果为“限期整改”

5月6日

国务院学位委员会下达了2019年增列的可开展学位授权自主审核的单位名单，它们是：北京理工大学、华东师范大学、东南大学、山东大学、华中科技大学、中南大学、中山大学、四川大学、重庆大学、西北工业大学和兰州大学11所高校。

5月8日

教育部要求相关高校开展“双一流”建设中期自评工作

教育部学位管理与研究生教育司发出通知，要求相关高校开展“双一流”建设中期自评工作。中期自评以开展自我诊断评估为主，以人才培养、创新能力、服务贡献和影响力为核心要素，重点考察建设效果与总体方案的符合度、建设方案主要目标的达成度、高校及学科在第三方评价的表现度，真实准确地反映学校整体建设及建设学科目标、任务的落实完成情况。同时，查摆问题，总结经验，明确下一阶段改进的重点任务和要求。

6月3日

国务院学位委员会、教育部、人力资源和社会保障部联合下发了2019年修订的《专业学位研究生教育指导委员会工作规程》。该章程共有20条，对专业学位研究生教育指导委员会的工作进行了全面规定。

附录二　教育部办公厅关于进一步规范和加强研究生培养管理的通知[①]

各省、自治区、直辖市教育厅（教委），新疆生产建设兵团教育局，有关部门（单位）教育司（局），部属各高等学校、部省合建各高等学校：

近年来，教育行政部门陆续出台了一系列文件，采取了一系列举措，健全研究生培养管理体系，促进研究生培养单位规范管理，提高研究生培养质量。总体上看，各研究生培养单位质量保证和监督体系不断完善，培养机制、质量监督保障制度建设取得了很大进展，形成了国务院学位委员会、省级学位委员会、学位授予单位三级质量管理保障体制，构建了研究生培养单位质量保证为基础，教育行政部门监管为引导，学术组织、行业部门和社会机构积极参与的内部质量保证和外部质量监督体系。人才培养规模稳步提升、结构不断优化，形成了学术型与应用型人才并重的培养格局，培养了大批服务于国家和地方经济社会发展、科学技术进步、文化传承创新的优秀人才，国际影响不断扩大。另一方面，个别研究生培养单位在研究生培养过程、师德师风、学位授予等方面仍有学术不端、论文作假等问题发生，暴露了导师责任还未完全落实，研究生学习和自我管理主动性还不足，管理制度还不细密，政策举措还不到位，制度执行不够严格、监督管理不够透明。为进一步规范和加强研究生培养管理，现将有关要求通知如下。

一、切实落实质量保证主体责任。培养单位要切实加强党对学位与研究生教育工作的领导，严格按照《关于加强学位与研究生教育质量保证和监督体系建设的意见》（学位〔2014〕3号）精神，增强查摆问题、堵塞工作疏漏、保证培养质量的紧迫感和自觉性，迅速行动，全面梳理和健全内部质量保证体系，没有制订相关制度的必须立即制订，已经制订的制度要根据实际情况的新变化新要求及时依规修改，切实加强执行检查。完善与本单位办学定位相一致的人才培养和学位授予质量标准，严格落实各环节管理职责，把抓督查、抓执行贯穿管理全

① 教育部办公厅. 教育部办公厅关于进一步规范和加强研究生培养管理的通知［EB/OL］（2019-03-04）［2020-05-24］.http://www.moe.gov.cn/srcsite/A22/moe_826/201904/t20190412-377698.html.

过程。

二、突出立德树人根本任务和要求，严格执行培养制度。培养单位要切实加强研究生思想政治教育，促进研究生德智体美劳全面发展。加强培养过程管理和学业考核，确保培养方案的严格执行。落实以教学督导为主、研究生评教为辅的研究生课程教学评价监督机制，对研究生教学活动全过程和教学效果进行监督。加强学术规范和学术道德教育，把论文写作指导课程作为必修课纳入研究生培养环节。

三、狠抓学位论文和学位授予管理。培养单位要珍惜用好办学自主权，加强自律，科学合理设置培养要求和学位授予条件，重点抓住学位论文开题、中期考核、评阅、答辩、学位评定等关键环节，严格执行学位授予全方位全流程管理，进一步强化研究生导师、学位论文答辩委员会和学位评定委员会责任。对不适合继续攻读学位的研究生要落实及早分流，加大分流力度。

四、切实加强导师队伍建设。培养单位要进一步提高对建设高素质导师队伍重要性的认识。导师是培养质量第一责任人，要把培养人放到第一位，既要做学术训导人，指导和激发研究生的科学精神和原始创新能力，更要做人生领路人，言传身教引导研究生树立正确的世界观人生观价值观，恪守学术道德规范，增强社会责任感。培养单位要把落实立德树人根本任务、增强导师培养人才的责任心和事业心作为着力点，筑牢质量第一关口。建立完善导师培训体系，切实提高导师指导和培养研究生的能力。加强师德师风建设，对违反师德、行为失范的导师，实行一票否决，并依法依规坚决给予相应处理。健全导师评价机制，对于未能切实履行职责的导师，培养单位视情况采取约谈、限招、停招、取消导师资格等处理措施。

五、健全预防和处置学术不端的机制。培养单位要突出学术诚信审核把关，加大对学术不端、学位论文作假行为的查处力度，举一反三，防范在前，层层压实责任，强化日常监督。对学术不端行为坚决露头即查、一查到底、有责必究、绝不姑息，实现“零容忍”，依法依规从快从严查处。对当事人视情节给予纪律处分和学术惩戒。对违反法律法规的，应及时移送有关部门查办。探索建立学术论文、学位论文馆际和校际学术共享公开制度，以公开促进学术透明，主动接受社会监督。

六、切实增强教育行政部门督导监管责任。国务院学位委员会、教育部进一步优化学术型与应用型人才培养结构，委托国务院学位委员会学科评议组等专家组织及时修订不同学位不同类型研究生的学位基本要求，进一步完善优化研究生培养指导性方案，深化研究生培养制度改革。省级学位委员会和省级教育行政部门要切实加大对本地区研究生教育质量的监管力度，做好学位授权点合格评估等研究生教育质量监督工作，加大专项检查、抽查、盲评等质量监督力度，对在本地区研究生教育领域的问题要早调查、早发现、早整改，坚决查处违规违纪和师德失范行为。

七、强化学位论文抽检结果使用。教育部对连续或多次出现“存在问题学位论文”的学位授予单位和学位授权点，将加大对涉事单位主要负责人约谈力度，视情况开展专项检查、核减招生计划、暂停直至撤销相关学位授权。

八、加大评估和问题单位惩戒力度。教育部2019年将强化运用学位授权点合格评估、学位论文抽检等手段，把学位授予管理环节问题较多，师德师风、校风学风存在突出问题的学位授予单位作为重点检查对象。对于情节严重、无法保证研究生教育质量的学科或专业学位类别，坚决撤销学位授权。对问题严重的培养单位，视情况限制申请新增学位授权。

教育部办公厅

2019年2月26日

后 记

2012年至今，中国研究生教育质量报告编研工作走过了9个年头。9年来，编研组锐意创新，持续提高编研质量。今年，根据读者对各专题的评议结果，我们首次对专题进行了动态调整，新增两个专题——中国研究生院100强和全球主要国家博士研究生教育发展指数排名。我们还对研究生教育质量年度事件进行了网络票选，参与票选的有专家委员会的专家、研究生导师、编研组成员、博士研究生等，最终筛选出研究生教育领域的十大事件。经过近10年的努力，中国研究生教育质量报告的研究成果得到社会一致认可，产生了广泛影响力。在此，我谨代表编研组全体成员向一直以来关心和支持本报告编研工作的各位同人表示衷心感谢。

2020年1月，编研组正式开始启动《中国研究生教育质量报告2020》编研工作，并多次召开视频会议，确定了本年度报告的内容。本报告以总体评价、数说、事说、研究生说、排名说、境外媒体与专家学者说等为视角，聚焦于2019年我国研究生教育质量状态，最终形成了《中国研究生教育质量报告2020》。

本年度质量报告的编写成员来自清华大学、北京理工大学、学位与研究生教育杂志社、东南大学、湖南师范大学、北京石油化工学院六家单位。报告分工如下：第一章，王战军；第二章，唐广军；第三章，耿有权；第四章，周文辉、黄欢；第五章，李明磊；第六章，王小栋；第七章，王战军，娄枝；附录，周玉清。整体报告由王战军统稿，雷琨和张泽慧为编研组秘书。

本年度报告中的全国研究生满意度调查继续由学位与研究生教育杂志社承担问卷的发放、回收、数据的录入与分析等。2020年，全国共有112所研究生培养单位的近11万名在校研究生参与了问卷调查。自2012年开展全国在校研究生满意度调查以来，共有409232名在校研究生参与了调查活动。在此，谨向为本次调查付出辛勤劳动的各研究生培养单位有关负责人及工作人员表示感谢！向所有参与满意度调查的在校研究生表示感谢！也欢迎更多的研究生培养单位和研究生参与到未来的调查活动中来。

感谢兰州大学研究生院副院长武建军教授帮助充实完善课题组提供的文稿。感谢王蒙蒙、史文欣、彭金玉、王星星、雷琨、蔺跟荣、牛晶晶、王博、王险秋、董超等同学在部分章节的文献资料和数据统计分析方面所做的贡献。

感谢专家委员会所有成员给予本报告的宝贵意见和建议！感谢编研组成员及工作人员长期为此付出的智慧和汗水！感谢所有参考文献的作者。

《中国研究生教育质量报告 2020》在已有研究的基础上对各个章节内容持续创新，以期在保证学术研究严谨性的同时，进一步增强本报告的可读性，以回应社会对研究生教育质量的关切，为研究生教育主管部门提供质量评估参考，为研究生教育工作者提供工作参考，为广大研究生教育研究者提供有价值的学术参考，为考研的大学生了解和选择研究生单位提供参考。

由于编研组人员水平有限，本报告仍存在一定的不足，请广大读者进行批评指正，以促使我们不断改进编写工作，提高本报告编研质量，进一步扩大报告的影响力。

本报告的编研是一个开放创作平台，欢迎有志于研究生教育质量研究的各位同人积极加入我们的队伍，组建研究生教育质量研究的学术共同体，共同打造一部全面、系统、多视角、多层面的中国研究生教育质量年度报告。

王战军

2020 年 5 月